Paul Ferrini

Amor Incondicional

Reflexões da Mente de Cristo

Tradução
MARIA LUCIA CASTRO DE SOUSA

EDITORA PENSAMENTO
São Paulo

Título do original: *Love Without Conditions.*

O primeiro número à esquerda indica a edição, ou reedição, desta obra. A primeira dezena à direita indica o ano em que esta edição, ou reedição, foi publicada.

Edição	Ano
1-2-3-4-5-6-7-8-9-10-11	04-05-06-07-08-09-10-11

Direitos de tradução para a língua portuguesa
adquiridos com exclusividade pela
EDITORA PENSAMENTO-CULTRIX LTDA.
Rua Dr. Mário Vicente, 368 — 04270-000 — São Paulo, SP
Fone: 6166-9000 — Fax: 6166-9008
E-mail: pensamento@cultrix.com.br
http://www.pensamento-cultrix.com.br
que se reserva a propriedade literária desta tradução.

Impresso em nossas oficinas gráficas.

Sumário

Prefácio

Com todo o blablablá sobre canalizar, parece importante esclarecer que este não é um livro psicografado. As informações aqui apresentadas não partiram de nenhuma "entidade" ou personalidade separada da mente do autor. Na verdade, este livro é resultado da integração do autor com a Mente de Cristo, da qual ele e todos nós somos partes essenciais.

Pensar em Jesus como se ele estivesse fora da sua mente e fosse independente dela é deixar de perceber o âmago da questão, pois é na sua mente que Jesus se dirige a você. Ele é o seu amigo mais íntimo, que fala com você às vezes em palavras e muitas vezes além delas. Sua comunicação e comunhão com ele são indispensáveis para praticar o que ele ensina.

Quero esclarecer que Jesus não é o único a ter lugar na Mente de Cristo. Krishna, Buda, Moisés, Maomé, Lao-Tsé e muitos outros estão conscientemente ligados a Jesus. Se você se sentir mais à vontade dirigindo-se a Buda ou a Krishna, peço que faça isso; Jesus não se ofenderá. Ele, na realidade, ficará satisfeito por você estar seguindo o ensinamento da não-separação.

Todos comungamos e nos comunicamos com a Mente de Cristo (você pode dizer Mente de Buda, de Brahman ou Espírito Santo, se preferir) porque estamos todos ligados à Mente de Deus. Se isso não fosse a verdade, nossa experiência seria de total escuridão, sem sequer a promessa de redenção.

Cada um de nós tem dentro de si uma centelha da luz que ilumina as trevas da nossa inconsciência. É essa centelha divina de consciência que mantém nossa ligação com Deus. Ela também nos liga com o mestre divino da tradição que escolhemos e com a divindade interior dos nossos irmãos e irmãs.

Assim como Jesus nos mostra neste livro, se víssemos apenas a centelha de luz divina dentro de cada um de nós, toda a escuridão que existe no nosso modo de perceber as coisas e na nossa experiência se dissiparia, o mundo conforme o conhecemos desapareceria e o amor faria sua morada em nosso coração e no coração de nossos irmãos e irmãs.

Não caia no erro de achar que qualquer reflexo da Mente de Cristo busque outra coisa que não seja estabelecer o reino do amor em nossa mente e em nosso coração. Essa é a única meta da Mente de Cristo. Mahavira se empenha para isso. São Francisco se empenha para isso. Ba'al Shem Tov se empenha para isso. Rumi se empenha para isso.

A divisão em várias religiões é uma relíquia deste mundo. Essas fronteiras não existem na Mente de Cristo, na qual todos os seres visam uma única meta. Pode ser difícil imaginar isso, mas é o que acontece.

Não existe uma só pessoa criada na tradição judeu-cristã que não precise compreender a vida e os ensinamentos de Jesus. Isso vale tanto para cristãos quanto para judeus. E também para ateus e agnósticos.

Os judeus precisam entender e aceitar a lição de fé que Jesus lhes transmitiu. Os cristãos precisam entender como os ensinamentos de Jesus sobre o amor e o perdão foram corrompidos a ponto de ser interpretados como ensinamentos de culpa e de medo. Os ateus precisam entender a mensagem revolucionária de Jesus sobre a igualdade.

Todo aquele que rejeita Jesus ou o coloca num pedestal está provando que não entendeu os ensinamentos dele. É por isso que essa correção tem de ser feita por todos. Para ensinar a cada um de nós, Jesus tem uma mensagem específica que irá nos ajudar a superar o medo e a acabar com a nossa culpa.

Jesus não pede que nos convertamos ao Cristianismo, pois tal coisa nem sequer existe. O Cristianismo é um mito de separação; ele separa os cristãos dos judeus, dos muçulmanos ou dos budistas. Você acha que Jesus seria a favor dessa idéia?

Claro que não!

Quem caminha com Jesus não defende nenhum tipo de separação. Jesus pratica o amor e o perdão por todos os seres, incluindo ele mesmo. Jesus aceita os judeus, os hindus e os muçulmanos como seus irmãos. Ele não procura converter ninguém, mas repousa com segurança na sua própria fé. Ele tampouco acredita que àqueles que escolhem caminhos diferentes será negada a salvação. O verdadeiro seguidor de Jesus sabe que Deus tem muitas maneiras de nos levar de volta para casa e nunca duvida do caminho que a vida lhe propôs.

Cada um de nós tem a possibilidade de travar um relacionamento pessoal com Jesus. Esse relacionamento se inicia quando começamos a desejá-lo e a confiar nele. Isso não requer nenhuma tecnologia, prática espiritual ou esotérica e nem mesmo que invoquemos o nome dele. A simples mas autêntica necessidade dessa amizade e orientação é o que basta.

É preciso deixar claro que Jesus não quer ser nenhuma autoridade para nós, pois ele é contra qualquer autoridade que não seja Deus. Ele só nos pede que tomemos a mão dele como iguais e que tratemos uns aos outros com o mesmo respeito e intenção de igualdade.

Os ensinamentos dele podem ser simples, mas requerem toda a nossa atenção, energia e disposição para colocá-los em prática. Procurar ver cada ser humano como um igual e reconhecer e perdoar todos os erros quando ocorrem são dois ensinamentos revolucionários. São ensinamentos que dissiparão a nossa culpa e nos ajudarão a superar nossos medos.

Quando comecei a trabalhar neste livro, procurei manter o mesmo nível de entrega dos livros anteriores. Isso, porém, não foi suficiente. Em calada anuência, deixei de lado 150 páginas de bom material. Simplesmente não era o livro que eu precisava produzir a esta altura da minha vida. Alguma coisa nova me estava sendo pedida e eu estava pedindo algo novo ao meu professor.

Eu queria um livro lúcido e simples que ajudasse a esclarecer o nosso relacionamento com Jesus e com seus ensinamentos. À medida que eu pedia ajuda, ia ficando claro que, para escrever este livro, alguma coisa do Paul tinha que sair do caminho. A identidade do Paul precisava ser questionada. Seus sistemas de crenças e seu vocabulário precisavam ficar mais maleáveis. As idéias que o faziam se sentir separado dos outros precisavam ir abaixo. A menos que tudo isso acontecesse, o projeto de escrever este livro não se realizaria.

Durante esse processo, aprendi a confiar mais na minha relação com Jesus do que em qualquer outra coisa que eu já tivesse lido sobre ele. Também vi Jesus agindo diligentemente na vida de muitas pessoas que pareciam ter crenças bem diferentes das minhas.

As crenças nos separam, os pensamentos de amor nos unem. "Se você quer seguir meus ensinamentos, viva-os em cada pensamento. Abençoe seu irmão mesmo que não concorde com ele." Sempre foi esse o ensinamento de Jesus. Agora, ele só está tornando mais amplo seu campo de ação.

Para que este livro pudesse vir da Mente de Cristo e de Jesus, foi preciso que eu fizesse um ajuste em todas as áreas da minha vida. Foi preciso não só uma mudança no meu estilo e no meu modo de escrever, como também uma mudança fundamental no meu sistema de crenças. A eliminação de "idéias que dão origem a pensamentos e sentimentos de separação" tinha de se tornar minha prática espiritual diária.

Posso garantir que fui tudo, menos perfeito nesta prática. Mas sinto-me profundamente agradecido pela prática e por este livro, porque ambos me ajudaram a dar um passo muito importante no meu crescimento espiritual.

Espero que este livro também seja para você uma prática simples mas profunda de autoperdão e de não-separação, que irá transformar a sua vida. Essa é a mesma prática que Jesus aperfeiçoou na sua vida na Terra e que continua a advogar a todo momento, sempre que pedimos sua ajuda em nossa vida.

Definitivamente, o fim do sofrimento humano só ocorre quando decidimos que já sofremos o bastante. Cada um de nós, em nossa própria vida, está começando a buscar um caminho melhor. Você acha que Jesus nos abandonaria agora? Acha que a pequena centelha no seu coração e no meu diminui ou se apaga por causa do medo, da culpa e da dor que sentimos?

Não poderia se apagar.

O amor de Jesus, de Buda, de Krishna e de tantos outros mestres ascensionados nos envolve numa única prece. Esse amor nutre carinhosamente a centelha em nosso coração e nos ajuda a ir além do nosso medo, da nossa culpa e da nossa vergonha. Ele traz a iluminação divina a todas as crenças e condições limitadas da nossa experiência.

Por estar dentro de nós, essa luz não pode se recusar a brilhar quando clamamos por ela. A Luz do Cristo está dentro de todos nós. Vamos juntos invocá-la em nome do amor.

Paul Ferrini
Santa Fé, Novo México

Bênção

Existe apenas um Filho de Deus
E Você é esse Filho.

Dele você recebe
A Ele você dá.

Que você se lembre,
quando olhar para si mesmo.

Que você também se lembre,
quando olhar para o seu irmão.

Quando você olhar ao longe com medo,
Lembre apenas isso:

Sujeito e Objeto,
Amante e Ser Amado,

não são dois,
mas um só.

Aquilo que dão
e aquilo que recebem

são reflexos
um do outro.

Introdução

Deixe-me começar dizendo que eu falo por meio de você na medida da sua disposição para abrir mão do controle. Nesse sentido, você não é nada especial. Eu posso falar por meio de qualquer pessoa que tenha essa disposição.

O que você ouve tem grande relação com o que já existe na sua mente. Cada pessoa que se abre à minha voz a ouvirá conforme suas próprias idéias e pressuposições. Isso é inevitável.

O desejo de se comunicar comigo é essencial para que a porta se abra para mim. Não imponho minha presença a ninguém. O relacionamento comigo é voluntário e só tem início quando a pessoa está pronta.

Estou tão próximo de você quanto você me permite estar. Isso acontece porque eu já sou um pensamento dentro da sua mente. E tudo o que eu sou procede desse pensamento, assim como tudo o que não sou procede de um pensamento diferente. Mas isso você aprende com a experiência.

Alguns afirmam que eu falo por meio deles, mas eles estão, na verdade, ouvindo uma outra voz. Minha voz nunca condena ou amedronta. Minha intenção é abençoar a todos. É fazê-lo compreender, de uma vez por todas, que a culpa só existe na mente e que essa culpa imaginada pode e precisa desaparecer.

Meu ensinamento é bem simples: eu ensino o perdão dos pecados. Ensino que o pecado, por si só, não é real. O pecado só parece real porque você acredita que pode se machucar.

Acredita que você é o seu corpo e então, quando o corpo é atingido, acha que uma injustiça foi cometida contra você.

Eu entendo que seja difícil para você abandonar essa crença. No entanto, é isso o que eu lhe peço para fazer. Você não é o seu corpo, pois o corpo nasce e morre e você não nasce nem morre.

Você não é o pensamento de limitação, pois todo pensamento que o limita baseia-se na crença do corpo que começa e acaba. O corpo é apenas a expressão das suas crenças. Existem corpos densos e corpos sutis, mas todos têm começo e fim. Todos estão sujeitos a alguma forma de autoconstrição.

Eu sou um pensamento sem limitação, pois estou sempre me expandindo na informidade de Deus. Não existe nenhuma forma que possa me conter. Eu me uni a Deus em perfeito perdão. Estou livre da culpa. Estou livre das mágoas. Não acredito que eu possa ser tratado injustamente, nem acredito que tenha o poder de tratar alguém assim, pois sei, sem sombra de dúvida, que todos os seres são iguais aos olhos de Deus.

Sei o quanto é difícil para você acreditar nisso, pois no seu mundo parece haver tantas injustiças! Essas injustiças, contudo, são simplesmente algo que vocês criaram. São apenas inverdades que vocês insistem em manter.

Você não precisa mais mantê-las. Demonstre que elas não são reais estendendo o amor de Deus a cada um dos seus irmãos. Somente dessa maneira o reino dos céus pode ser vivido na Terra.

Não se preocupe com o que os outros fazem ou deixam de fazer. Não é responsabilidade sua avaliar os pensamentos ou as atitudes das outras pessoas. Seja responsável apenas pelos seus próprios pensamentos e atos. Pois se você pensar e agir com Deus, influenciará seus irmãos sem pronunciar uma única palavra.

A caridade só é possível quando se é responsável por si mesmo. Faça o melhor que puder por você e pelos outros e deixe o resto por conta de Deus.

Você não é responsável pelas escolhas das outras pessoas e nem elas são responsáveis pelas suas. Entretanto, vocês podem e devem aprender uns com os outros, porque as escolhas que você faz não são muito diferentes das escolhas dos seus irmãos. Vocês muitas vezes cometem os mesmos erros.

Os erros são oportunidades de aprendizado. Condenar seu irmão por cometer erros é fingir que você está livre dos erros — e você não está. Eu já perguntei antes e vou perguntar outra vez: quem, entre vocês, pode atirar a primeira pedra?

Você pode libertar seu irmão do julgamento que faz dentro da sua própria mente. Libertá-lo é amá-lo, pois assim você o coloca num patamar onde só existe amor e que está além de qualquer julgamento.

O domínio dos pensamentos é essencial para o crescimento espiritual. Pois é por meio deles que você faz a opção de caminhar comigo ou longe de mim.

Sou constante, essa é a nossa diferença. Eu não caminho longe de você. Estou sempre ao seu lado, esperando que você me reconheça.

Se você quiser ser como eu, tem de aprender a pensar como eu. E se quiser aprender a pensar como eu, você precisa colocar cada pensamento em minhas mãos. Eu lhe direi se esse pensamento é proveitoso ou não. Pensamentos que não o ajudam têm de ser eliminados. Essa é a base do treinamento mental. Apenas os pensamentos que nos abençoam e evocam em nós a verdade devem ser conservados.

Meus ensinamentos têm sido e continuarão sendo distorcidos porque ameaçam todos os falsos pensamentos. Quando ameaçados, os pensamentos falsos se apoderam do ensinamento e procuram moldá-lo para servir aos seus próprios fins. E não demora muito até que palavras atribuídas a mim venham a significar exatamente o contrário.

Por isso é que eu lhe peço para ser vigilante. Não resista a essa distorção, nem tente atacá-la ou desacreditá-la, pois isso só servirá para fortalecê-la. Apenas conserve a lucidez em sua própria mente e rejeite o falso pelo bem da verdade.

Uma única idéia equivocada pode levar a mente ao total desespero. Mas basta um único pensamento verdadeiro para trazer de volta o reino dos céus. Sendo assim, procure escolher seus pensamentos com sabedoria. E se você não sabe muito bem o que pensar, traga o seu dilema para mim.

Render-se a mim é diferente de qualquer ato de rendição que você possa conhecer no mundo. Pois o mundo aproveitaria a sua rendição para controlá-lo impiedosamente. Eu, por outro lado, sirvo-me da sua rendição para libertá-lo da falsidade e devolvê-lo ao seu Eu verdadeiro.

Aqueles que trabalham comigo dão a você condições de amar e de se afirmar do jeito que é neste exato momento. Aqueles que trabalham contra mim acham em você muitas falhas que saberiam consertar. Eles o convenceriam a se tornar dependente deles para conseguir a salvação. Jamais aceite tais mentiras. Use o discernimento. Ninguém neste mundo tem uma resposta melhor para você do que a que você pode encontrar confiando em si mesmo e em mim.

O Âmago da Questão

Não existe ninguém tão duro com você quanto você mesmo. Assim como todos os seus irmãos e irmãs, você sofre de um sentimento básico de inadequação e desmerecimento. Você acha que cometeu pecados terríveis que, mais cedo ou mais tarde, serão punidos por autoridades deste mundo ou por alguma autoridade espiritual abstrata como Deus ou a lei do karma.

Essas questões não-resolvidas acerca do seu próprio valor é que determinam as condições da sua encarnação. Em outras palavras, você está aqui para resolver essas questões. Você escolheu seus pais para agravar cada vez mais a sua culpa até o ponto em que tome total consciência dela. Por isso, culpá-los pelos seus problemas não vai ajudar a mudar as condições que vocês estabeleceram entre si para amar. A única saída é tomar consciência da sua culpa e das crenças e padrões de interação que você adotou com base no medo.

Buscar alguém especial para lhe dar o amor que você não recebeu dos seus pais também não vai adiantar. Isso só serviria, digamos assim, para aumentar a temperatura da panela de pressão. Não se surpreenda se a pessoa que você escolher for a encarnação perfeita do seu pai ou da sua mãe. Não há como deixar de enfrentar as próprias feridas. Os pais, companheiros e filhos existem para ajudá-lo a ver sua necessidade de cura e você exerce a mesma função na vida deles.

Buscar amor incondicional num mundo feito de condições é absolutamente inútil. Como todos os seus irmãos e irmãs estão vivendo no mesmo padrão pautado na vergonha, eles não podem lhe oferecer o amor que você sabe que tanto merece, mas que também não consegue oferecer aos outros. O melhor a fazer é tomar mais consciência do amor de que precisa e começar a assumir a responsabilidade de dar esse amor a si mesmo.

Enquanto você não assumir a responsabilidade de banhar com amor as suas próprias feridas, não sairá do círculo vicioso de ataque/defesa, culpa e acusação. Seus sentimentos de raiva, mágoa e traição, todos aparentemente justificáveis, apenas inflamam os conflitos interpessoais e continuam a reforçar as crenças inconscientes de que você não consegue amar nem ser amado.

Você tem de conhecer a extensão do ódio que tem por si mesmo. Até que se olhe no espelho e veja suas próprias crenças refletidas nele, você vai continuar usando como espelho cada um dos irmãos que cruzam seu caminho, para mostrar-lhes o que você acredita sobre si mesmo. Apesar de nada haver de errado nessa prática, não é o caminho mais curto nem mais rápido para casa, pois sempre existe a tendência de pensar que o que você vê é apenas a lição que outra pessoa tem que aprender.

Se você quiser sair fora da psicologia viciosa deste mundo, tem de interromper o jogo da projeção. Esse jogo esconde o seu desejo inconsciente de morte por trás de uma fachada de culpa e de moral condicionada. O mais irônico é que, no mesmo instante em que proclama sua inocência à custa do seu irmão, você reforça seu próprio sentimento de culpa e de inferioridade.

O único modo de sair do círculo vicioso da culpa é parar de acusar. No entanto, fique preparado, pois ao sair da roda do sofrimento, você talvez descubra que já não agrada tanto as pessoas. Aqueles que deixam de fazer parte do jogo da projeção deste mundo são os primeiros a serem atacados. Se nada mais você aprendeu com a minha vida, que pelo menos aprenda isso!

Qualquer um que conheça seus próprios medos sem projetá-los estará ameaçando o jogo do mundo. Qualquer um que reconheça os próprios pensamentos mortíferos, procurando suas raízes dentro da própria consciência, estará ameaçando o arcabouço moral da sociedade.

Na sociedade humana, existe o certo e o errado. De acordo com o que vocês acreditam, aqueles que fazem o que é certo são recompensados e os que cometem erros são punidos. Sempre foi assim.

Meus ensinamentos ameaçam esse pressuposto básico. No nível mais superficial, eles contradizem a idéia de que os erros tenham de ser punidos. E no que diz respeito a castigo, sempre fui e continuarei sendo pelo perdão.

No nível mais profundo, meus ensinamentos contrariam a própria idéia de que alguém tenha de ser condenado por seu comportamento. Se uma pessoa age de maneira errada é porque tem pensamentos equivocados. Se ela conseguir perceber a inverdade de suas crenças, poderá mudar de comportamento. E a sociedade só tem a ganhar ajudando-a a fazer isso. Porém, se ela for punida, suas crenças equivocadas serão reforçadas e ela ainda sentirá culpa.

Você já deve ter ouvido a expressão "dois errados não fazem um certo". Essa é a essência dos meus ensinamentos. Todos os enganos têm de ser corrigidos da maneira correta, pois do contrário a correção não passará de um ataque.

Opor-se a uma idéia, tentar subjugá-la ou argumentar com uma idéia falsa só servirá para fortalecê-la. Esse é o caminho da violência. O meu caminho não é violento. Ele traz amor àqueles que sofrem, e não um ataque. Assim, seus meios estão de acordo com seus fins.

Acusar é ensinar a culpa e perpetuar a crença de que a dor e o sofrimento são necessários. Aceitar os erros é ensinar o amor e demonstrar o poder que ele tem de se sobrepor a todo sofrimento. Em poucas palavras, você nunca está certo ao culpar nem está errado ao aceitar. Para não errar, aprenda a aceitar os erros.

Não dá para amar de maneira desamorosa. Você não vai acertar acusando o que está errado. O erro tem de ser desfeito. Desde que a raiz de todo erro é o medo, só se pode desfazê-lo dissipando-se o medo.

O amor é a única resposta que dissipa o medo. Se você não acredita nisso, pelo menos tente. Ame qualquer pessoa ou situação que lhe desperte medo e o medo desaparecerá. Isso é verdade não só porque o amor é o antídoto do medo, mas porque medo é "ausência de amor". Sendo assim, o medo não pode existir em nenhuma situação em que haja amor.

Muitos de vocês sabem bastante sobre o medo, mas muito pouco sobre o amor. Vocês têm medo de Deus, medo de mim e medo uns dos outros.

Por que vocês têm medo? Porque se acreditam incapazes de amar ou de ser amados.

Essa é a única crença que precisa ser mudada. Toda a negatividade que existe na sua vida desaparecerá quando você se livrar dessa crença equivocada sobre si mesmo.

Você, meu amigo, não é o que pensa que é. Você não é simplesmente um acúmulo de todas as suas crenças e ações negativas. Isso é o que você pensa que é, não o que você é de verdade.

Você é Filho de Deus, exatamente como eu. Tudo o que é bom e verdadeiro sobre Deus é também bom e verdadeiro sobre você. Aceite esse fato, mesmo que seja por um instante, e sua vida será transformada. Aceite esse fato sobre o seu irmão, mesmo que seja apenas por este instante, e todo o conflito entre vocês acabará.

O que você vê é resultado direto daquilo em que acredita. Se você se acredita culpado, então vê um mundo de culpas. E esse mundo de culpas será punido e punirá você.

"Deus lançará sua fúria sobre você. Deus acabará com este mundo. Deus se vingará." São esses, meus amigos, os pensamentos que vocês cultivam. Embora não passem de blasfêmias, essas são as idéias absurdas que vocês atribuem a mim! Felizmente, eu compreendo que esse é apenas o jeito nada sutil que vocês têm de crucificar a si mesmos.

Trata-se de uma manobra que só retarda seu progresso. Com o tempo, vocês se cansarão disso. Não tardará até que comecem a rejeitar todo o conceito de culpa — tanto individual quanto coletivamente — e ansiar pela volta para casa.

Meus irmãos, eu aguardo com alegria e certeza este momento de completa honestidade e responsabilidade. Nesse dia, quando virem o seu bem e o bem do seu irmão como uma coisa só, tudo o que os separa de Deus se desvanecerá e vocês vão se pôr ao meu lado em todo o seu esplendor.

Então conhecerão o amor que Deus tem por vocês, além de qualquer dúvida. Então saberão que Ele nunca abandonou vocês, mesmo nos momentos da mais profunda loucura em que pensaram que Ele lhes castigaria e destruiria o seu mundo. Então vocês conhecerão o poder que a mente tem de criar e optarão por criar com Deus e nunca sem contar com Ele!

Prática

A própria palavra prática dá margem à má interpretação. O que você poderia praticar senão o que já sabe? E o que você sabe além da culpa, do medo e do ataque? Você certamente não vai querer continuar com as mesmas crenças e reações que o levaram ao sofrimento!

Então o que você deve praticar? Talvez possa começar simplesmente praticando a consciência. Pratique a consciência da sua culpa, do seu medo e do seu ataque. Não disfarce o medo e a culpa, não os negue e nem os projete nos seus irmãos. Simplesmente observe esses fenômenos à medida que surgirem na sua consciência.

Quando sentir raiva ou depressão, simplesmente pergunte, "Por que estou com raiva? Por que estou sentindo tanta necessidade de me defender? Do que estou com medo?" Continue a perguntar até começar a ver a fonte de seu medo e da sua raiva. Depois que tiver passado através dessas camadas de emoção, pergunte-se: "Qual é a minha culpa neste caso?"

De que culpa estou falando? Todas as emoções negativas da sua vida brotam da sua culpa/vergonha inconsciente. É fundamental que ela se torne consciente. Ela precisa vir à tona para que você possa se libertar.

Seus sentimentos de inadequação e desmerecimento é que causaram o medo de ser castigado. Se acreditar que existe algo errado com você ou que fez alguma coisa ruim, você vai ficar com medo de ser castigado. E se você tem medo de ser castigado, vai viver se defendendo de todos os ataques imaginários. Sempre que sentir que alguém está pondo o seu valor pessoal em questão, você vai se preparar para puxar o gatilho.

Todo esse drama de culpa e castigo acontece apenas na sua mente. Ao projetá-lo, você faz com que as outras pessoas participem dele e cria a necessidade de resolverem o problema conjuntamente. Isso só complica a situação. É pouco provável que você consiga resolver algo com os outros enquanto não se conscientizar da sua participação nesse drama.

É melhor começar tomando consciência dos seus pensamentos. Assim você vai descobrir não somente que a culpa é a raiz de todo sofrimento, mas também que você precisa se perdoar. Sem perdoar a si mesmo não é possível se libertar da culpa. Portanto, o drama da redenção também acontece apenas na sua mente.

É na sua mente que você estabelece a sua culpa e a sua inocência. Não importa quantas pessoas tenham abusado de você. Acusá-las de nada adianta. Você é o juiz que pronuncia a sentença. Enquanto você culpar alguém por seus problemas, estará se recusando a perdoar a si mesmo.

Juiz e jurado habitam nos seus pensamentos. Você declarou a sua culpa, agora é você quem tem de se absolver dessa culpa. Enquanto não fizer isso, você não recupera a sua inocência. O processo de perdão se resume nisso. Não tem nada a ver com perdoar os outros. Tem tudo a ver com perdoar a si mesmo por declarar sua culpa.

É nisso que se constitui a prática. Não há uma única situação em que esse trabalho não possa ser realizado. Todo o cenário da sua vida é território para a sua auto-investigação. Tenha consciência de cada um dos seus pensamentos e sentimentos e você em breve vai achar a fonte da sua culpa e de todo o sofrimento que dela adveio.

Ninguém pode escapar desse trabalho. Ele é parte essencial do currículo do despertar. Quanto mais cedo reconhecer esse fato, mais fácil será para você.

Seu Irmão

Você está constantemente superestimando a importância do seu irmão na sua vida. Por um lado, você gostaria de acusá-lo por todos os seus problemas e crucificá-lo como fez comigo. Por outro lado, você gostaria de colocá-lo num pedestal e adorá-lo, como também me adora.

A sua maior dificuldade, no entanto, é tratá-lo como um igual. Quando eu lhe pedi para amar o seu próximo como a si mesmo, dei-lhe uma regra muito simples para aplicar na sua vida. Infelizmente como você não se ama, não vai ter muito êxito em amar o seu próximo.

Aprender a amar a si mesmo e a amar o seu próximo é, no fundo, a mesma coisa. Você não consegue amar seu irmão e odiar a si mesmo nem odiar seu irmão e amar a si mesmo. Seus sentimentos com relação ao seu irmão espelham seus sentimentos com relação a si mesmo.

Sendo assim, sua interação com seus irmãos ajuda a lhe mostrar o que você tem de perdoar em si mesmo. Perdoar seu irmão pelos abusos que comete contra você só vai ajudá-lo a perdoar a si mesmo. Assim como receber o perdão do seu irmão pelas faltas que você comete com relação a ele ajuda você a perdoar a si mesmo.

O perdão dos outros só é necessário quando você acredita que ele seja. Se você, como a maioria das pessoas, acredita que ele seja de fato necessário, reparar o erro passa a ser importante. Pedir ao outro para que o perdoe demonstra que você está pronto para mudar de opinião sobre o que aconteceu. Esse é o primeiro passo importante nesse processo.

Entretanto, não cometa o erro de dar ao seu irmão o "poder" de perdoá-lo. Isso coloca o poder fora de você, onde ele nunca pode estar. Peça perdão, mas se seu irmão não aceitar, não pressuponha que o perdão não lhe tenha sido dado. Na verdade, o perdão é sempre você quem dá. Aqueles que se recusam a perdoar apenas se recusam a perdoar a si mesmos.

Ao se pegar condenando seu irmão, pode ficar certo de que não é ele que você condena. É alguma parte sua envergonhada da qual você ainda não se deu conta. Perceber a imperfeição do seu irmão não vai fazer você se sentir melhor; só vai agravar o seu sentimento de desmerecimento.

Você não consegue nem justiça nem salvação atacando seus irmãos. Eu peço que você veja isso da forma como verdadeiramente é. Cada prego que você prega no seu irmão prende você à cruz. Eu sou a prova disso. No seu modo de ver, vou permanecer na cruz até que todos os ataques cessem. Até lá, você e eu temos algo em comum: estamos ambos crucificados.

Na interação com seu irmão, você tem uma escolha simples: ou vê-lo como inocente ou vê-lo como culpado. Essa escolha ocorre o tempo todo, todo dia, toda hora, a todo momento. A cada pensamento, você absolve ou aprisiona o seu irmão. O modo como você escolhe tratá-lo é o modo como escolhe tratar a si mesmo.

Você não vai chegar ao céu rebaixando seu irmão nem o carregando nas costas. A cada um de vocês foram conferidos os meios de descobrir a própria inocência. Simplesmente reconheça seu irmão e o abençoe em sua jornada. Se ele lhe pedir ajuda, ajude-o, mas não tente fazer por ele o que ele tem de fazer por si mesmo.

São necessários certos limites se você quiser seguir além do ponto em que está. Não torne sua paz e sua alegria responsabilidade do seu irmão, nem tome como sua responsabilidade a paz e a alegria dele. Seu irmão não está aqui para salvá-lo nem para ser salvo por você.

Por outro lado, liberte seu irmão de toda a mágoa que você tem dele. Nunca se recuse a amá-lo. Pois tentar impedir que ele seja feliz é o mesmo que atacá-lo e aprisionar a si mesmo com os grilhões do medo e da culpa.

Não deixe de ouvir o pedido de ajuda do seu irmão. Deixe que ele trabalhe ao seu lado o tempo que quiser. E quando ele estiver pronto para partir, simplesmente o abençoe e lhe ofereça água e comida para a jornada. Não obrigue seu irmão a ficar ao seu lado contra a vontade.

A liberdade do seu irmão é um símbolo da sua própria. Por isso, dê-lhe as boas-vindas quando chegar e despeça-se dele quando partir. Mais do que isso você não pode fazer. Contudo, isso já é suficiente. Trate com carinho todo estranho que cruzar o seu caminho e eu lhe mostrarei um mundo onde impera a caridade e a confiança voltou a reinar.

"Ama o teu próximo como a ti mesmo." Olhe-o como alguém tão importante quanto você. Não se sacrifique por ele e nem permita que ele se sacrifique por você. Ajude-o quando puder e receba a ajuda dele com gratidão quando precisar dela. Essa troca simples e digna é um gesto de amor e aceitação. Ela demonstra confiança e respeito mútuo.

Mais do que isso já é demais. Menos que isso é muito pouco.

Interpretação

Você interpreta o que acontece na sua vida de acordo com suas crenças básicas e com os estados emocionais suscitados por essas crenças. A experiência da decepção, por exemplo, está diretamente relacionada com seus sentimentos de culpa e de inadequação.

Se as suas expectativas não são atendidas, isso só significa que você está passando por uma simples correção. Está lhe sendo mostrado que você não está vendo toda a verdade da situação e que precisa encará-la de um ponto de vista mais amplo. A correção não é um ataque. Também não é um castigo.

O sentimento de que você está sendo atacado ou castigado quando as coisas não acontecem conforme sua vontade é totalmente baseado na culpa. Sem essa culpa, a correção seria recebida com gratidão e você veria as coisas de uma perspectiva mais ampla, que incorporasse a nova informação.

Todas as experiências acontecem por uma razão apenas: para expandir a sua consciência. Qualquer outro significado que você der à sua experiência de vida será um significado inventado por você. Talvez você não possa decidir num nível consciente o que vai lhe acontecer, mas você sem dúvida interpreta o que acontece de acordo com as suas crenças.

Sua liberdade básica depende do fato de você aceitar as experiências da sua vida e aprender com elas. É claro que você pode não aceitar essas experiências. Você pode se recusar a aprender com elas. Porém, essa escolha causa sofrimento. Se você ainda não sabe disso, não vai demorar muito para descobrir.

Talvez você pergunte, "Posso me livrar do sofrimento se aceitar minhas experiências e aprender com elas?" É uma ótima pergunta. Não somente pode eliminar o sofrimento, como pode também sentir a alegria da união com Deus. Quando você aceita as experiências, a correção é feita e seus pensamentos são sintonizados com a Mente Divina.

A vida é resistência ou entrega. Essas são as únicas escolhas. A resistência causa sofrimento. A entrega leva à bem-aventurança. A resistência é a decisão de agir por conta própria. A entrega é a decisão de agir com Deus.

Você não vai ter alegria na vida opondo-se às idéias e às atitudes das outras pessoas. Você só consegue ter alegria se mantendo fiel à verdade que mora no seu coração. E essa verdade nunca afasta os outros; ela os convida a se aproximar.

A verdade é uma porta que está sempre aberta. Você não pode fechá-la. Só pode optar por não entrar. Pode seguir na direção oposta. Mas você nunca vai poder dizer, "Eu bati, mas a porta estava fechada". A porta nunca está fechada, nem para você nem para ninguém.

Se você sente que a porta bateu na sua cara, é porque você interpretou sua experiência com base no medo. Você acredita que a porta esteja fechada, embora ela não esteja. Contudo, a sua crença de que a porta está fechada pode convencer você e os outros de que é isso o que acontece.

Vocês todos são mestres em deturpar a verdade. Vocês têm a capacidade criativa de fazer com que tudo signifique o que vocês querem que signifique. Vocês pegam um "sim" e fazem dele um "não", pegam o errado e o transformam no certo. Isso mostra o quanto suas crenças são fortes.

Mas o fato de vocês deturparem a verdade não significa que ela tenha deixado de ser verdadeira. Apenas significa que vocês conseguiram esconder a verdade de si mesmos.

Portanto, a maneira como você interpreta a sua experiência é extremamente importante. Quando as suas expectativas forem frustradas, você vai aceitar a correção ou insistir em dizer que foi tratado injustamente? Você é vítima do que lhe acontece ou é o tipo de pessoa que aproveita as experiências para aprender? Você encara suas experiências como uma bênção ou como um castigo? Essas são as perguntas que você precisa se fazer constantemente.

Cada experiência é uma oportunidade para aceitar a verdade e deixar de lado a ilusão. Nesse sentido, uma experiência não é melhor nem pior do que a outra. Todas as experiências são igualmente fortes. Elas são apenas caminhos de acesso à nossa divindade.

Por isso, você nunca deve se desesperar; sempre há outra chance de mudar sua maneira de pensar. Não ouça aqueles que falam o contrário disso. Não haverá nenhum juízo final, exceto o juízo que você fará de si mesmo quando se olhar através dos meus olhos.

Talvez você não acredite em mim neste momento. Talvez você ache que tenha causado o sofrimento de outras pessoas ou que seja vítima das atitudes delas com relação a você. O fato de você não aceitar minhas palavras agora não significa que eu vá deixar de oferecê-las. Por que a sua demora em despertar seria um problema para mim?

Com certeza, o tempo não importa para mim. Para falar a verdade, nem para você. Você tem todo o tempo do mundo para errar e aprender com seus erros.

Quando todos vocês tiverem aprendido o que vieram aqui para aprender, este mundo não será mais necessário. O universo físico que parece tão permanente para vocês se dissolverá no nada. Quando vocês despertarem, ele perderá seu propósito. Esse dia chegará, mas não há pressa.

Não apresse o rio. Nem tente detê-lo. A Mente Divina está trabalhando na sua Mente aqui e agora. É nisso que você tem de confiar.

A Necessidade dos Milagres

Milagres são demonstrações da Mente Divina agindo na sua mente e na sua experiência. Os milagres são instrumentos de ensino necessários, exatamente como há dois mil anos. Todo milagre é uma demonstração de que o amor é mais forte do que o medo.

Se você não percebe até que ponto o seu mundo foi criado com base no medo, olhe à sua volta. Observe os seus pensamentos. Existe algum lugar onde o medo não tenha se instalado?

Não pergunto isso para deixá-lo deprimido. Apenas quero que você seja realista. Veja as coisas como elas são no seu mundo. Faça o inventário dos seus próprios pensamentos. Você não conseguirá chegar ao amor até que perceba o quanto seus pensamentos estão alicerçados no medo.

Observar seus pensamentos temerosos à luz da consciência dá a você uma alternativa. Mas, por favor, não tente substituir os pensamentos negativos e cheios de medo por pensamentos positivos e amorosos. Isso só serviria para criar um conflito na sua mente. Em vez disso, deixe a consciência trabalhar. Simplesmente tome ciência do seu medo e sinta-o.

Então, quando você estiver sentindo esse medo em sua totalidade, diga apenas, "Agora estou pronto para ir além desse medo. Pai, por favor, ajude-me". E esteja disposto a receber a ajuda que pediu. Seu pedido não será recusado, posso garantir.

Quando você pede ajuda, está reconhecendo que existe um poder maior que o seu medo. Você também demonstra sua vontade de trabalhar com esse poder para superar o medo e o conflito em sua vida.

Não há outra sugestão que eu possa lhe dar. Quando você pede ajuda, reconhece que está pedindo para que seus pensamentos sejam mudados. Então afirme o seguinte, "Pai, estou disposto a mudar meu modo de encarar essa situação. Por favor, ajude-me a vê-la não através dos meus olhos temerosos, mas como o Senhor a vê. Ajude-me a vê-la com amor por mim mesmo e pelas outras pessoas".

Essa, meu irmão, é uma prece poderosa. Fique com ela. Descanse na força e na paz dessa prece. E deixe que Deus lhe responda em cada palavra, gesto e atitude. Você não pode viver o milagre até que esteja disposto a recebê-lo.

Para viver o milagre, os seguintes fatores têm de estar presentes:

1. Você precisa saber que precisa do milagre.
2. Você precisa pedir sinceramente pelo milagre.
3. Você precisa estar disposto a recebê-lo.

Quando esses três fatores estão presentes, o milagre se manifesta.

Infelizmente, mesmo que o milagre já tenha se manifestado na sua vida, pode ser que você ainda não consiga vê-lo. Por que razão? Porque você já tem uma idéia preconcebida acerca de como o milagre deve acontecer. Então, mesmo que ele se realize diante dos seus olhos, você consegue não reconhecê-lo.

De que vale um milagre se você não consegue reconhecê-lo? Se você decidir realmente aceitar o milagre no seu coração, por favor entenda que ele pode não se realizar do jeito que você espera. Esteja pronto para perceber a presença desse milagre na sua vida e deixe que ele se revele a você.

Alguns de vocês podem perguntar, "Por que Deus não realiza o milagre da maneira como pedi?" É porque o milagre que você pediu talvez não o liberte do medo. Sendo assim, ele não será milagroso e o seu medo só vai recriar as condições que exigiram a demonstração que você pediu.

Deixe que Deus seja aquele que responderá à sua prece. Não tente dizer a Ele do que você precisa. Ele sabe melhor do que você. Confie nisso. Abra-se para a presença de Deus na sua vida. Esteja disposto a aprender com Ele. É com essa disposição que o medo será dissipado. É com essa disposição que você despertará para a sua natureza verdadeira.

Use o que Está ao seu Alcance

Você não precisa reinventar a roda para fazer uma contribuição significativa à vida. Se olhar à sua volta, vai ver muitos caminhos para a auto-expressão. Nenhum é perfeito. Alguns vão exigir que você se adapte. Tudo bem. É bom ser adaptável. É bom entender que a mesma coisa pode ser feita e dita de muitas formas diferentes.

Se você está tentando achar a forma perfeita — o emprego perfeito, o relacionamento perfeito —, vai viver frustrado. O mundo não oferece perfeição nesse sentido. Ele simplesmente lhe oferece uma oportunidade para crescer e mudar, o que não será difícil se você não estiver apegado à maneira como se expressa.

Use a forma que estiver ao seu alcance no momento. Deixe de lado suas idéias preconcebidas. Cada momento é novo. Cada situação pede de você algo diferente.

O apego ao hábito de dizer ou de fazer algo sempre da mesma maneira confina você no tempo. Esses apegos o mantêm acorrentado ao passado. Você fica preso numa falsa identidade. Cada experiência que surge no seu caminho pergunta se você está disposto a se soltar, se está disposto a confiar e se está disposto a se libertar do tempo.

Quando você não está apegado à forma, é fácil se libertar do tempo. Seu foco fica no presente, no eterno agora. Seja lá o que ocorrer, isso exigirá toda a sua atenção.

Contudo, quantos de vocês estão completamente presentes na própria experiência? A maioria está sempre ocupada, julgando essa experiência, procurando defeitos nela e desejando que tudo saia de acordo com as suas expectativas. Em outras palavras, você está preso na sua falsa identidade. Está tentando fazer com que o presente se amolde ao passado.

Pergunte a si mesmo honestamente se você está em busca de uma vida estável e previsível. É isso o que você quer? Caso seja, tem de perceber o quanto antes que o mundo não pode lhe oferecer essa vida. Tudo neste mundo está em processo de mudança. Nada é estável. Nada é previsível. Nada vai lhe dar algo além de segurança temporária. Os pensamentos vão e vêm. Os relacionamentos começam e terminam. Os corpos nascem e morrem. Tudo o que o mundo pode lhe oferecer é: instabilidade, crescimento e mudança.

Não existe permanência no nível da forma. Toda forma é, em essência, uma distorção da informidade do universo. Aquilo que tudo inclui, tudo aceita e tudo ama não pode ser limitado à forma. O amor não escolhe quem ama nem o momento de se expressar. O amor se estende a tudo o tempo todo. O amor não impõe condições; isso significa que ele não tem forma.

Quer dizer, então, que não é possível sentir amor neste mundo? Claro que é possível! No entanto, essa experiência de amor será reduzida na mesma proporção da sua necessidade de interpretá-la ou controlá-la. As interpretações impõem condições sobre aquilo que não pode ter condições. Se estabelece condições no amor, você vive apenas as condições, não o amor. Encontra apenas a forma e não o conteúdo.

O amor só se expressa por meio de um coração aberto. Para ter um coração aberto não é preciso nenhuma técnica, mas uma disposição emocional que transcenda os limites da definição conceitual. À medida que as formas mudam, o coração se abre, sem medo do seu conteúdo inconstante.

Para entender qualquer coisa neste mundo, você precisa ir além da forma e ver a intenção. Procure observar a intenção por trás da maneira como uma pessoa se expressa e você vai ver com mais clareza o que essa expressão significa para ela. Contudo, se você olhar apenas a forma, nua e crua, verá apenas o que ela significa para você.

"Olhar além da forma" é um outro jeito de dizer "olhar além das suas idéias preconcebidas". Para ver seu irmão como realmente é, você tem de olhar além dos julgamentos que faz dele. Se quiser conhecê-lo, você tem de chegar perto dele, abrir seu coração e lhe perguntar quais são as intenções que ele tem. Esse é o único gesto que lhe permitirá conhecê-lo.

Quando as intenções de alguém mudam, a forma que carrega essas intenções também muda. Se você presta atenção nas suas próprias intenções e nas intenções dos outros, está mais bem preparado para as mudanças na forma.

Para se desapegar das formas é preciso conhecer as pessoas, não se afastar delas. O distanciamento não produz desapego e sim o oposto. Somente quando deixa que os outros entrem no seu coração é que você consegue libertá-los.

A compaixão e o desapego andam de mãos dadas. Você não pode amar alguém e ao mesmo tempo querer controlar essa pessoa. Só quando você deseja o melhor para o outro é que pode lhe dar liberdade. E se você não lhe der liberdade, também não lhe dará amor.

O apego à forma vem de uma insegurança profunda. Você não poderá entender isso por completo até que tenha ido além desse apego. Contudo, esse movimento é inevitável. Ele está gravado no DNA da vida.

Cada situação da sua vida oferece a você a oportunidade de conseguir mais intimidade e mais liberdade. À medida que ama mais e mais pessoas, cada vez mais profundamente, você vai ficando menos apegado a cada uma delas. Você passa a se apegar não a uma pessoa específica, mas sim ao amor que cada uma delas lhe dá. Esse é o movimento em direção ao Amor Divino, que está além do corpo; na verdade, muito além de qualquer tipo de forma.

Quando lhe peço para usar qualquer forma que esteja ao seu alcance no presente momento, estou pedindo para que você seja flexível e receptivo. Estou pedindo que passe para o nível da intenção. Estou pedindo que passe para o nível da intimidade, sem tentar definir ou controlar coisa alguma. Se fizer isso, você jamais será limitado pela forma nem ficará obcecado por ela. Você será livre para criar espontaneamente.

Esse é o melhor conselho que eu posso lhe dar. Ficar no presente sem expectativas e sem se apegar aos resultados. Não reclame da forma que lhe está sendo oferecida nem atribua a ela mais importância do que tem. Você não vai encontrar perfeição fora de você.

Se quer encontrar a verdade, olhe para dentro de si mesmo. Olhe para as suas intenções. Assim não haverá possibilidade de você se enganar a respeito das intenções dos outros.

Abra-se para o Divino

Até que você entenda que todo mundo é bom, será muito difícil para você ver bondade em si mesmo e nos outros. Você está acostumado a encontrar o bom e o ruim. "Isso é bom; isso é ruim." É assim que você julga a si mesmo e ao seu irmão. Mas isso nunca lhe trará paz.

Seu irmão não é bom ou ruim, nem você é. Ambos são apenas bons. Não há mal nenhum em vocês. Você pode acreditar que existe maldade e desmerecimento em você — pode até acreditar que há pouca ou nenhuma bondade no seu coração — , mas isso não passa de uma crença equivocada. E enquanto você mantiver essa crença, vai torturar a si mesmo e aos outros.

O que eu quero dizer quando afirmo que só existe o bem em você? Isso significa que você é incapaz de um pensamento ou de um gesto negativo? Claro que não, ou você não estaria no mundo em que está. Seu mundo é composto tanto de pensamentos e gestos positivos quanto de negativos. Este é um mundo cheio de sombras, um mundo de luz e trevas.

Entretanto, este mundo todo em que você vive é feito apenas de pensamentos. Se você conseguisse eliminar os pensamentos negativos da mente, iria viver num mundo muito diferente.

Num mundo onde só existem "bons" pensamentos, a comparação é impossível. Sem comparação, não existe interpretação, portanto, não pode haver erro, fracasso, castigo, sacrifício, sofrimento e perda. Você pode imaginar um mundo tão radiante e sem culpa? Pode parecer estranho que um mundo assim possa existir, contudo, ele não é mais difícil de criar do que este em que você habita!

Você pode começar a criar esse mundo compreendendo que não existe mal, mas somente bem em si mesmo e no seu irmão. É o medo do mal que faz "o mal" parecer real. Toda a negatividade surge do medo. O próprio conceito de "mal" é um pensamento de medo.

Portanto, além da perfeição que é sua por direito divino, o que mais pode existir? Existe a dúvida de que você não seja bom. Existe o medo.

Sua vida é feita de bondade assaltada pela dúvida e pelo medo. Quantas vezes, no decorrer de um único dia, a dúvida e o medo impedem que você perceba a sua própria bondade? Quantas vezes eles impedem que você perceba a bondade do seu irmão?

Depois que você percebe que a dúvida e o medo estão constantemente influenciando a sua experiência, você passa a reconhecê-los. A partir de então, eles simplesmente passam a fazer parte da dança da consciência. "Ah, tudo bem, eu sei que sou bom. Mas e se eu não for?" Essa é a dança que acontece na mente. Esse diálogo continua num círculo vicioso. Porém, aos poucos ele vai perdendo o tom de condenação. Gradativamente, à medida que o medo é admitido, ele vai diminuindo.

O conflito é suprimido da mente, que reconhece sua própria bondade. E quando reconhece essa bondade, ela não pode mantê-la se não a estender aos outros. Se você considera outra pessoa ruim, é porque permitiu que a dúvida e o medo voltassem à sua mente.

Aquilo que é divino está livre da dualidade e de qualquer tipo de conflito. Você se abre para a divindade quando vê o bem que existe em si mesmo e o que existe em seu irmão como se fossem uma coisa só. A divindade é sempre compartilhada, nunca exclusiva.

Toda exclusividade é criação do medo. Todo julgamento é criação do medo.

Somente quando você rejeita o mal e aceita o bem é que expulsa o medo do seu coração. Nenhum Filho de Deus pode ser ruim. Na pior das hipóteses, ele está ferido. Na pior das hipóteses, ele ataca as outras pessoas e as acusa de causar sua dor. Mas nenhum Filho de Deus é ruim.

Sim, a sua compaixão tem de chegar a esse ponto. Não existe um ser humano sequer que não mereça o seu perdão. Não existe um ser humano sequer que não mereça o seu amor.

Você pode estabelecer as suas condições e inventar pretextos, mas eles não me enganam. Eu lhe disse a verdade. Corrompê-la não vai beneficiá-lo em nada.

Caso esteja difícil para você perdoar e amar alguém, então admita. Não condene essa pessoa para poder justificar a sua própria fraqueza. Se você está com medo, diga a verdade. A verdade sempre traz a sanidade.

Somente aquele que tem medo julga os outros. Você está livre das garras do medo? Se não está, reconheça esse medo. Ao reconhecer o medo, você não julga os outros, pois sabe que o medo sempre distorce o seu modo de ver as coisas.

Reconheça o seu medo e seja honesto consigo mesmo e com os outros. Confesse, "Eu estou com medo agora, por isso não estou conseguindo ver com clareza".

Desista dos julgamentos que faria, pois eles não passam de ataques sem sentido contra aquele cuja bondade você não consegue ver. Entregue esses julgamentos para mim. Confesse a verdade, "Jesus, eu não consigo ver esse irmão da forma certa, porque eu o estou julgando. Ajude-me a abandonar meus julgamentos e compreender que medos estão sendo trazidos à tona, em conseqüência do comportamento dele".

Cada julgamento que você faz sobre o seu irmão mostra muito em detalhes aquilo que você odeia ou não consegue aceitar em si mesmo. Você só odeia o outro quando ele o faz se lembrar de si mesmo.

Por isso, cada tentativa de justificar a raiva, o medo e o julgamento acaba revelando-se um retumbante fracasso. Tratase meramente de um esforço para acusar o outro pelo seu próprio erro. É falta de honestidade. É falta de responsabilidade.

Você tem os meios de acabar totalmente com o julgamento, mas mesmo assim ainda os justifica. Por quê? Porque você não consegue admitir os seus erros. Você prefere sofrer a admitir que errou. Você prefere fingir que é perfeito a reconhecer que veio aqui para aprender. Que orgulho mais incompreensível! Como posso pegar a mão de alguém que, apesar de estar sofrendo, insiste em achar que é perfeito? Não posso ajudá-lo se você não permitir.

Errar não é uma coisa tão terrível assim. Isso nunca irá privá-lo do amor e da aceitação. Você acha que vai, mas isso é pura ficção. O que priva você do amor e da aceitação é a sua insistência em achar que está certo quando você não está. Pois isso impede que a correção seja feita.

Por favor, entenda isto: estar errado não significa ser "mau" e estar certo não significa ser "bom". Cada um de vocês vai estar tanto certo quanto errado centenas de vezes num único dia. Serão incontáveis as vezes em que vão estar certos ou errados no decorrer da sua jornada neste planeta.

Este mundo é uma escola e você veio aqui para aprender. Aprender significa cometer erros e corrigi-los. Aprender não significa estar certo o tempo todo. Se você estivesse certo o tempo todo, por que então iria precisar ir à escola?

Seja humilde, meu amigo. Você está aqui como aluno e tem de aceitar esse fato se quiser aprender suas lições. A menos que você reconheça que cometeu um erro, não posso ajudar a corrigi-lo.

Contudo, basta admitir o seu erro e a correção estará ao seu alcance junto com o perdão. Esse é o caminho que abri para você.

Não tente ser perfeito, meu amigo. Isso é uma roubada. Somente aqueles que preferem sofrer mais e por mais tempo desejam ser perfeitos. Em vez disso, opte por reconhecer cada erro que você comete para que possa aprender com ele.

A perfeição vem espontaneamente e sem esforço somente quando você fala a verdade, quando deixa de lado a vontade de impressionar os outros, quando deixa de lado o falso orgulho.

Aqueles que pedirem a correção irão recebê-la. Isso não acontece pelo fato de serem melhores do que os outros, mas simplesmente porque pediram.

Não julgue aqueles que ainda não estão prontos para admitir os próprios erros. Admita os seus e deixe o resto com Deus.

Compartilhe as suas experiências, mas não tente forçar os outros a aceitá-las. Pois você não sabe do que os outros precisam e nem precisa saber.

Lembre-se do bem que existe no seu irmão. Lembre-se do bem que existe em você. Deixe todos os medos e julgamentos se dissiparem no mesmo instante em que surgirem. Admita os seus erros e seja tolerante com os erros dos outros. Isso é o que eu lhe peço.

É bem simples, não é? É tão simples que você vai continuar esquecendo. Mas não desanime. Se o seu desejo pela paz for realmente forte e sincero, você acabará se rendendo a ele. Depois que decidir que é isso o que você quer, não haverá o que o desvie do caminho de volta para casa.

Aprenda a Ouvir

Você está sempre tão ocupado, reagindo ao que acontece ou deixa de acontecer na sua vida, que não tem tempo para saborear suas experiências. Você não sente sua alegria ou sua dor, sua raiva ou sua mágoa. Isso é lamentável.

Você perde muito tempo procurando por respostas fora de si mesmo. Se você reservasse um tempo para ficar consigo mesmo, as respostas surgiriam espontaneamente.

Aprenda a ficar consciente das suas experiências, a estar presente quando acontecerem. Não estou dizendo para "tentar entendê-las". "Ficar consciente" não é uma atividade analítica. Pelo contrário, é reconhecer que você não pode entender a experiência. Você pode ficar consciente da experiência ou racionalizá-la, o que vem a ser uma forma de escapismo.

A todo momento, você está recebendo sugestões que o ajudam a corrigir o curso do barco da sua vida. Mas você não pode ouvir essas sugestões se não reserva um tempo para "ficar consciente" e "ouvir".

Por ironia, é justamente nos momentos em que você está mais agitado, tentando entender e "resolver" seus problemas, que você mais precisa ficar quieto e ouvir. A princípio, talvez você não reconheça isso. Mas não poderá deixar de notar que, quanto mais você tenta entender alguma coisa, mais confusa ela vai ficando.

Mais cedo ou mais tarde, você desiste de "fazer a sua vida dar certo" da maneira que acha que ela tem de ser. E então você talvez comece a questionar, "por que minha vida está passando por esse período de transição? Existe algo na minha maneira de ver que precise mudar?" E você vai aprender a ouvir a resposta.

Normalmente, quando você está em rota de colisão, a resposta é algo do tipo, "Vá devagar, olhe à sua volta. Talvez você não esteja realmente indo para onde acha que está".

Essa pode não parecer uma grande resposta, mas é suficiente para ajudá-lo a dar o próximo passo. Ir devagar e olhar em volta pode ser o início da correção.

Se, na sua vida, tudo está fluindo tranqüilamente, você não precisa sair em busca de correção. Mas se as águas ficarem turbulentas, é bom fazer uma pausa e reconsiderar o rumo que tomou.

Esse momento de reflexão tão oportuno já fará uma enorme diferença na sua vida. Há ocasiões em que a realidade externa simplesmente se fecha à sua volta e o único lugar apropriado para você ir é para dentro de si mesmo.

Não estou pedindo que você medite por duas horas diariamente. Nem estou afirmando que meditar regularmente não ajude. Só estou dizendo que há momentos da vida em que você precisa se aquietar e ouvir. Se você aprender a reconhecer esses momentos, vai poupar a si mesmo de muita mágoa.

Quanto mais você aprender a ouvir o seu eu interior, mais consciente ficará das suas experiências, à medida que acontecerem. Você vai desenvolver uma parceria com a sua própria vida, uma disposição para aceitar, para sentir e para viver tudo o que vier pela frente.

Quando você se recusa a ficar consciente das suas experiências, a impressão que se tem é que você é uma vítima do que acontece na vida. E essa é uma grande ilusão. Você se relaciona com a sua vida como se ela fosse algo que você tem de conquistar e controlar. E quando a sua experiência se recusa a atender às suas expectativas, você passa a achar que está sendo castigado injustamente. Mas não é isso o que acontece. Você está apenas sentindo o efeito negativo da sua necessidade de controlar.

Você não está aberto à sua experiência. Você não cultiva um constante relacionamento com ela. Você não está em constante diálogo com ela. Não é à toa que a sua relação com a vida seja de amor e ódio. Você aprecia a sua experiência quando ela acontece conforme você quer e a odeia quando isso não acontece. Na sua experiência, tudo é oito ou oitenta. Ou a vida está abençoando você ou o está castigando. Não há um meio-termo.

A verdade é que a vida não está nem abençoando nem castigando você. Ela está trabalhando com você para ajudá-lo a acordar para a verdade de quem você realmente é. A vida é sua professora. Ela está sempre lhe dando um retorno, sempre lhe apresentando correções, mas você prefere não ouvir.

Ouvir significa se entregar à sua parceria com a vida. Significa aceitar a dança do pensamento, da ação e da correção. Significa aceitar tudo isso como uma necessidade, mas não como uma parte amarga do processo de aprendizado.

Amor sem Condições

Você aprendeu sobre o amor condicional com pessoas cujo amor por você estava comprometido pelas próprias culpas e medos que elas tinham. Essas pessoas foram os seus modelos. Você não precisa sentir vergonha disso. Só precisa estar ciente desse fato.

Desde os tempos de criança, você foi condicionado a se valorizar somente quando as pessoas o olhavam com aprovação. Você aprendeu que seu valor era estabelecido por um fator externo. Esse foi o principal erro, que acabou se perpetuando ao longo da sua vida.

A experiência dos seus pais não foi diferente da sua nem da experiência dos seus filhos. Todos vocês precisam se curar das mesmas feridas. Precisam ter consciência de todas as transgressões/violações para que possam dissipar as emoções ligadas a essas feridas. É assim que todos os seres feridos vão além da experiência do amor condicional e conhecem a experiência do amor sem condições.

No processo de cura, você aprende a dar a si mesmo o amor incondicional que nunca recebeu dos seus pais biológicos. Nesse processo, você "nasce de novo" e recebe cuidados paternais não de pessoas que também representem autoridades, mas pela Fonte de Amor que existe dentro de você.

Quando aprende a dar amor à pessoa ferida que existe aí dentro, você deixa de acreditar que o seu valor próprio depende do modo como os outros reagem a você. Lentamente, você se condiciona a se dar valor pelo que você é, aqui e agora, sem condições. Ninguém mais pode fazer isso por você. As pessoas podem ajudá-lo e encorajá-lo, mas ninguém pode ensinar você a se amar. Essa é uma tarefa que compete a cada alma individualmente.

Toda alma passa pela experiência física na intenção de lidar com essas questões sobre seu próprio valor. Contudo, logo que se inicia essa estadia da alma aqui na Terra, estabelecem-se condições a respeito da capacidade natural que ela tem de amar e de incluir outras pessoas nessa experiência.

Superar essas condições é essencial. Se a alma deixa o mundo físico acreditando que é uma vítima de suas experiências aqui, ela será atraída de volta para desaprender essa crença. No entanto, se a alma desperta para a verdade de que seu valor não depende de nada nem de ninguém fora da sua própria mente ou experiência, ela irá se estabelecer na Fonte do Amor e acordar da ilusão do abuso.

Acordar da ilusão do abuso significa não aceitar a ilusão de que você não pode ser amado exatamente como é. Você demonstra amor ao dar amor incondicional a si mesmo. E ao dar amor incondicional a si mesmo, você atrai para a sua vida pessoas capazes de amá-lo sem condições.

A tentativa de encontrar amor fora de si mesmo vai sempre falhar, porque você nunca recebe de outra pessoa aquilo que ainda não deu a si mesmo. Quando não dá amor a si mesmo, você atrai para a sua vida pessoas que estão fazendo a mesma coisa.

A experiência de amor incondicional começa no seu próprio coração, não no coração dos outros. Não deixe que sua capacidade de se amar dependa da capacidade que outra pessoa tem de amar você. Não deposite sua fé nas condições que cercam o amor nem na forma pela qual ele se apresenta. Pois tudo isso é inconstante e está sujeito às vicissitudes da vida diária.

O amor verdadeiro não muda. Ele existe independentemente da forma pela qual é expresso. A Fonte desse Amor eterno, onipresente e sem forma está dentro de você. É aí que você precisa depositar a sua fé, pois esse amor é mais certo do que qualquer outra coisa que você conhecerá. Depois que isso estiver bem firme no seu coração, você nunca mais precisará buscar a felicidade fora de si mesmo.

As pessoas entram e saem da sua vida. Algumas vão lhe tratar bem. Outras vão lhe tratar mal. Você aceitará o amor que lhe derem e encarará a falta do amor como o que ela é de fato: um grito de ajuda de alguém que está sofrendo. Você vai encorajar os outros a encontrar a Fonte de Amor que existe dentro de cada pessoa, assim como você mesmo fez, sabendo que não pode resolver os problemas deles. A tragédia da vida das outras pessoas só pode ser considerada a partir da própria disposição que elas tenham de olhar para o próprio coração e para a própria mente.

Aquele que ama sem condições não coloca limites na própria liberdade nem na liberdade dos outros. Tampouco tenta reter o amor, pois tentar reter o amor é perdê-lo. O amor é um presente que se deve dar constantemente em toda situação em que ele é solicitado. E aquele que o dá sempre sabe quando e para quem esse presente deve ser dado.

Não há nada complicado no ato de amar. Só começa a complicar quando alguém começa a reter o amor. E nesse caso, o que ele oferece deixa de ser amor.

A pessoa que se ama não tem medo de ficar sozinha. Pois, ao ficar sozinha, ela tem oportunidade para se aceitar e se amar ainda mais profundamente. Se seu ente querido a rejeita, ela se sente desvalorizada? Fica com pena de si mesmo e se afasta do mundo? Ou se isola até encontrar outra pessoa que a ame? Nada disso. Ela simplesmente continua vivendo e estendendo seu amor a cada passo de sua experiência.

Aquele que se ama incondicionalmente não ama mais ou menos, nem impõe restrições. Não procura alguém especial para amar. Simplesmente ama qualquer um que esteja à sua frente. Uma pessoa não é mais ou menos merecedora de amor do que outra. Esse é o tipo de amor que está nascendo em você agora, meu irmão e minha irmã. Esse é o tipo de amor que lhe ofereço e que lhe peço para estender aos outros.

É muito claro. Não há como deixar de entender o que estou dizendo. O amor só pode existir entre iguais. O amor só pode existir entre seres que aprenderam a amar e a valorizar a si mesmos.

O amor não faz reféns. O amor não barganha. O amor não compactua com o medo. Na verdade, quando o amor está presente, o medo, com todas as suas inúmeras condições, não pode entrar.

Eu incentivo você a ser honesto, meu irmão. O que você conhece como amor não é o tipo de amor que estou descrevendo. Esse tipo de amor que estou descrevendo provoca verdadeiro pavor em você!

Por quê? Porque a experiência do Amor Verdadeiro põe um fim na sua experiência do mundo condicional. Quando vive esse amor, você não se sente mais separado dos outros. Você perde todos os aspectos da sua identidade que o afastam dos outros. Você se abre para uma realidade maior que cria com os outros por meio da confiança mútua. Os julgamentos caem por terra e a aceitação impera.

"Não tenho medo disso", você diz. Mas peço que considere essa possibilidade. Seja honesto consigo mesmo e comigo. Você TEM medo disso, porque esse amor acaba com o seu sonho e o único meio que o seu ego conhece para acabar com esse sonho é morrer. Por favor, reconheça o seu medo do amor, o seu medo da morte e o seu medo da aniquilação.

Eu já disse, "A menos que você morra e renasça, não entrará no Reino dos Céus". Quando eu disse isso, não estava falando de reencarnação. Eu estava falando da morte do ego, da morte de todas as crenças que os separam uns dos outros. Eu estava falando do fim do julgamento.

O que morre não é você. O que morre é tudo o que você pensou que era. Cada julgamento que já fez sobre si mesmo ou sobre qualquer outra pessoa. É isso o que morre. E o que renasce é cheio de luz e clareza. É o Cristo que tem vida eterna, em você e em mim.

Eu lhe digo, meu irmão e irmã, que sua ressurreição está nas suas mãos. E você está com medo dela! Não pode me enganar. Posso vê-lo ajoelhado, tremendo, olhando para a cruz onde em breve vai pagar pelos seus pensamentos e atos pecaminosos. Não negue seus medos ou não poderei ajudá-lo.

O que morre na cruz não é você. Você não é o corpo. Você não é os seus pensamentos de medo. Tudo isso pode e vai morrer. Se não agora, mais tarde. Você não pode evitar a morte do ego. Não pode evitar a morte do corpo. Mas essas duas mortes não são necessariamente a mesma coisa. Não cometa o erro de acreditar que o seu ego morre quando seu corpo morre.

Seu ego morre quando não tem mais utilidade para você. Até então, ele não lhe será tirado. Você pode ficar com seu ego praticamente para sempre, mas não fará isso. Porque isso é o inferno, e você não vai querer viver no inferno para sempre. Virá o tempo em que a dor será insuportável. Virá o tempo em que você clamará para mim, "Jesus, por favor, me ajude! Quero me libertar!" Eu lhe asseguro que esse dia chegará para todos os seres.

Até esse dia, tudo o que você pode fazer é enfrentar os seus medos. Reconheça cada um deles e os entregue a mim. "Jesus, tenho medo de morrer... Jesus, tenho medo do seu amor... Jesus, tenho medo de que Deus me abandone." Deixe que seus medos venham à tona e entregue-os a mim. Isso vai acelerar o seu despertar. Vai levá-lo diretamente para o âmago dos seus problemas, para o medo além de todos os seus medos. Descanse na certeza de que, quando você chegar a esse lugar, estarei ao seu lado.

Querido irmão ou irmã, só lhe peço para confiar. Confie em mim e caminharemos juntos para fora desse vale das sombras. Não posso evitar que você enfrente os seus medos, mas posso pegar na sua mão enquanto faz isso. Fique tranqüilo. O resultado da sua jornada está garantido. Onde estou agora você também vai estar. Aí então vai saber com toda a certeza que o Amor é tudo o que você é. O Amor nunca nasceu nem morreu em você. É impossível separá-lo de você. O Amor é a sua única identidade.

Abra a Porta

Para dar atenção a qualquer situação ou pessoa, você precisa estar presente para si mesmo, para a outra pessoa e para a situação que se apresenta. Para estar presente, você não pode ter planos com relação a si mesmo. Se tem expectativas com relação a si mesmo, à outra pessoa ou à situação em geral, você não consegue ficar totalmente atento àquele momento. Sua capacidade de ficar atento depende inteiramente do fato de ter uma mente aberta, uma mente livre de julgamentos e expectativas.

Igualmente importante é ter o coração aberto, o que requer compaixão por si mesmo e pelos outros e disposição para perdoar os acontecimentos do passado. Ter o coração aberto significa ver os outros como iguais e buscar o entendimento, aproveitando a intimidade e a comunhão disponíveis no momento.

A porta para o amor se abre e se fecha à medida que você abre e fecha a mente e o coração. Quando a porta se fecha, é preciso ter paciência e perdoar; do contrário, ela talvez não volte a se abrir.

É preciso sentir não só a presença do amor como também a sua ausência. Ao sentir a ausência do amor, você aprende a ouvir e a abrandar o coração. Ao se sentir separado dos outros, você aprende a olhar para os julgamentos sutis que estão sendo feitos.

Cada experiência de separação ou julgamento é uma oportunidade para você se abrir para a presença do amor. Do ponto de vista mental, é ir além das idéias fixas e das suas justificativas. Do ponto de vista emocional, é sentir os efeitos da separação: a sua própria dor e a dor do outro.

A transição do julgamento para a aceitação e da separação para a empatia é a essência da cura. Quando não está apto a fazer essa mudança, você estabelece a condição para a doença no campo mental/corporal.

Tudo o que você precisa é começar a aprender a passar da doença para a saúde, da constrição para a abertura, da desconfiança para a confiança. Você precisa aprender a demonstrar paz, transformando posturas "defensivas" em posturas receptivas; precisa aprender a demonstrar harmonia em seus relacionamentos, transformando pensamentos e ações "exclusivas" em pensamentos e ações "inclusivas".

Ser um agente de cura ou um fazedor de milagres significa aceitar a sua capacidade nata de ficar livre de conflitos, livre da culpa, livre de julgamentos e acusações. Se você aceitar essa capacidade em si mesmo, vai realizar milagres na sua vida exatamente como eu realizei.

Eu já disse inúmeras vezes que você pode fazer isso. Curar não só é possível como necessário. Cada um de vocês é agente de cura das próprias injúrias e injustiças que supostamente sofreu e uma testemunha do poder do milagre. Curar é o seu único propósito aqui. Quanto mais cedo você perceber isso, melhor.

Por favor, lembre-se de que toda prática espiritual autêntica começa cultivando-se o amor por si mesmo e a auto-aceitação. Não tente amar os outros antes de aprender a amar a si mesmo. Você não vai conseguir.

Se alguém entra na sua vida e não o agrada, não tente amar essa pessoa. Simplesmente evite criticá-la. Não a acuse, não a culpe nem a veja como um inimigo. Simplesmente admita e reconheça que ela não o agrada e se afaste por algum tempo.

Quando você estiver sozinho, lembre-se de que o que você sente pertence somente a você. A outra pessoa não tem nada a ver com o que você está sentindo. Livre-se de todos os pensamentos que responsabilizem a outra pessoa pelo que você está sentindo.

Fique com os seus sentimentos e diga a si mesmo, "O que estou sentindo me mostra alguns aspectos meus que estou julgando. Quero aprender a aceitar todos os meus aspectos. Quero aprender a encarar com amor todas as minhas feridas".

É nesse ponto que acontece a transformação genuína. Agora você está pronto para trazer amor ao seu coração.

Pratique isso incansavelmente e seja paciente consigo mesmo. Não tente curar seus irmãos e irmãs nem o mundo à sua volta antes de aprender a encher o seu próprio coração de amor. Essa tentativa não surtirá efeito e, o que é ainda pior, fará com que você se condene ainda mais.

Tenha compaixão por si mesmo. Dê passos pequenos. Comece curando seus próprios pensamentos e sentimentos. Cada vez que você cura um pensamento de crítica ou um sentimento de separação, todas as mentes e corações do universo sentem essa cura. A sua cura não pertence só a você, mas a todos os seres.

Quando você consegue sentir paz, a paz mundial se torna imanente. Se você tem alguma responsabilidade com relação aos outros, ela se resume a isto: procure deixar o seu coração e a sua mente em paz.

Algumas pessoas acham que esse conselho é egoísta e irresponsável. Elas acham que precisam salvar o mundo para ter felicidade. Essa é uma idéia equivocada. A menos que as pessoas conquistem a felicidade primeiro, o mundo não terá salvação.

Pode não ser fácil para você ouvir isso, mas é a verdade. A menos que você esteja feliz agora, nunca irá encontrar a felicidade. Se você não está feliz agora, pare de tentar encontrar a felicidade no futuro e traga a sua atenção para o momento presente. É no presente que está a sua felicidade.

Coração e mente abertos são a porta que se abre para a presença do amor. Mesmo quando essa porta está fechada, ela o exorta a abri-la. Mesmo quando você está julgando e se sentindo separado do outro, o amor clama por você de dentro do seu coração.

Eu já lhe disse: Não importa quantas vezes você tenha se recusado a entrar no santuário. Tudo o que precisa fazer é bater e a porta será aberta. Eu já disse, "peça e lhe será dado", mas você se recusa a acreditar em mim. Você acha que alguém está contando seus pecados, seus momentos de indecisão e de teimosia, mas isso não é verdade. Você é o único que os está contando.

Eu lhe digo, irmão, "pare de contar, pare de dar desculpas, pare de fingir que a porta está trancada. Eu estou aqui na soleira da porta. Venha, pegue a minha mão, vamos abrir a porta e atravessá-la juntos".

Eu sou a porta para o amor sem condições. Quando a tiver atravessado, você também será a porta.

Desista de Fazer Esforço

O que acontece na sua vida é neutro, nem positivo nem negativo. É você quem decide se é positivo ou negativo, espiritual ou mundano.

Na sua experiência, qualquer coisa pode se investir de qualidades espirituais se você permeá-la de amor, aceitação e perdão. Até mesmo uma doença fatal, um estupro ou um assassinato pode ser transformado pelo poder do seu amor.

Você acha que conhece o significado dos eventos que ocorrem na sua vida. Nada poderia estar mais longe da verdade. Você não conhece o significado de nada do que acontece, porque a tudo você impõe o seu próprio significado.

Se quer conhecer o significado do que acontece na sua vida, pare de dar a sua própria interpretação. Deixe que a situação se defina. Sinta-a por inteiro. Deixe que a situação lhe mostre a razão por que surgiu na sua vida.

Se você quer chegar no centro da situação, pergunte, "Como esta situação pode me ajudar a amar mais plenamente? O que ela está exigindo de mim que ainda estou me negando a fazer?" Essa pergunta vai levá-lo ao âmago da questão, pois demonstra a sua disposição para olhar a situação como um presente e não como um castigo.

Quando interpreta a situação do seu jeito, você sempre a vê como um castigo para si mesmo ou para o outro. É isso o que o seu medo faz com qualquer coisa que acontece na sua vida. Seu medo o condena e condena seus irmãos. Não fique surpreso quando isso acontecer. Na verdade, espere por isso.

Não tente viver sem medo. Tentar viver sem medo é a mais apavorante proposta que você pode imaginar. Apenas reconheça o medo e enfrente-o até superá-lo. Não tente viver sem condenar a si mesmo e aos outros. Apenas veja a condenação e enfrente-a até chegar ao perdão.

O fato de haver uma escolha ao seu alcance não significa que seja você quem tem de fazê-la. Apenas veja a escolha e deixe que a sua consciência o conduza até ela.

Não há nada que você possa fazer para conseguir a sua salvação. Na realidade, tudo o que você fizer vai simplesmente distraí-lo, afastá-lo e impedi-lo de descobrir o que já existe. A salvação já aconteceu. Você já está salvo. Você não tem que comprar sua salvação de mim, do seu irmão nem de qualquer igreja ou sinagoga.

Você pratica o perdão não para comprar a sua salvação, mas porque a prática do perdão permite que você viva a salvação aqui e agora. Você aprende a aceitar o que vem pela frente como uma dádiva e não porque isso lhe renda alguns pontos com Deus, mas porque a aceitação o faz lembrar que não há nada errado agora e nem nunca houve antes. Você aprende a se dar conta dos momentos em que começa a se fechar e a se afastar das pessoas, porque sabe que é melhor ser uma pessoa afável, receptiva e aberta.

Toda a espiritualidade é vivida no momento presente, apenas. Ela não tem a ver com nada que você tenha pensado ou sentido no passado. Ela está acontecendo aqui e agora, com as situações que se desenrolam bem na sua frente.

Você vive na escuridão e na escassez somente quando acha que tem algo errado com a situação que está se apresentando a você no momento. Quando vê a situação e sente gratidão por ela, você só sente bem-aventurança.

Não tente escapar da escuridão. Não se esforce para sentir bem-aventurança. Essa passagem da escuridão para a bem-aventurança acontece por si só. Apenas se disponha a fazer essa mudança e deixe que a disposição o conduza.

Muito do que vocês tentam fazer por conta própria não dá em nada porque vocês não sabem quem realmente são. Sua auto-imagem é limitada. Vocês não conhecem e nem sentem a extensão do amor de Deus por vocês. Vocês acham que, em algum lugar ao longo do caminho, algo em vocês se partiu ou talvez lhe faltem de fato algumas peças. Mas isso não é verdade. Vocês não têm nada quebrado nem faltando. Toda a sua totalidade está presente aqui e agora.

Muitos de vocês estudam a consciência de prosperidade e mesmo assim não parecem prosperar. Por quê? Porque vocês não conhecem o próprio valor. Se conhecessem, não sentiriam que algo está faltando em sua vida. Apenas sentiriam gratidão por tudo o que têm.

A verdade é que todo pensamento prospera. Cada pensamento que você tem é dotado de uma energia positiva ou negativa que se transfere para a situação em questão. Os pensamentos negativos prosperam tanto quanto os pensamentos positivos. Como você tem tanto pensamentos positivos quanto negativos, a situação externa que vive reflete essa mistura.

Entretanto, você não vai conseguir eliminar os pensamentos negativos apenas se concentrando nos positivos. Na verdade, quanto mais atenção der aos pensamentos positivos, mais poder também dará aos pensamentos negativos. Você não pode escapar desse paradoxo.

Por isso, você pode esquecer as afirmações positivas. Elas são apenas um artifício ilusório. Pare de tentar mudar seus pensamentos negativos. Basta que se conscientize deles. Tenha consciência das emoções ligadas a eles e deixe que a sua consciência o conduza.

Como você vai aprender a deixar que a lei Divina o sustente se está sempre interferindo em seus mecanismos? Eu já disse que você não pode consertar a si mesmo. A tentativa de se consertar apenas fragmenta a sua consciência em pedaços menores.

Pode parecer que estou afirmando duas coisas contraditórias, mas não é esse o caso. Estou dizendo que a sua vida só tem o significado que você dá a ela e que você pode optar por lhe conferir um significado negativo ou positivo. Também estou dizendo que, seja qual for o significado que você dê à sua vida, ele é limitado. As duas afirmações são verdadeiras.

Quando você observa os seus pensamentos, percebe que uma parte sua quer um determinado resultado e a outra parte quer um resultado diferente. Você sente que tem de escolher entre essas duas partes e isso gera pressão e conflito.

Quando a sua mente está em conflito, você não consegue eliminar esse conflito escolhendo uma dessas duas posições opostas, pois isso só serviria para gerar um conflito maior ainda.

Você elimina o conflito aceitando ambas as partes. Em outras palavras, aceitando os pensamentos positivos e negativos conjuntamente, sem considerar um "melhor" do que o outro. Esse é um ato de amor.

O amor sempre transcende qualquer tipo de dualidade. O amor nunca toma partido; simplesmente aceita a validade de ambos os lados.

Você acredita que tem de escolher entre o certo e o errado. Mas você ou qualquer pessoa é capaz de determinar o que é certo e o que é errado? No momento em que acha que sabe, você perde o fio da verdade.

Então não tente escolher. Você não sabe o que é verdade e o que não é. Não aceite um lado nem rejeite o outro. Aceite ambos ou nenhum. Seja neutro e verá a vida como é e não com o significado que você quer.

A menos que ache esse ponto de neutralidade, você vai continuar impondo seu próprio significado a tudo o que lhe acontecer na vida e sempre haverá aspectos de escassez ou castigo nela, porque você não conhece o seu próprio valor.

Você se dá conta do que estou dizendo? Mesmo que houvesse algo em você que precisasse ser consertado — e não estou sugerindo que haja —, você não saberia fazer esse conserto. Se algo em você se partiu, como você vai conseguir consertar? Se você está dividido ou em conflito, como pode criar a totalidade? Só aquilo que não está dividido nem em conflito pode viver a experiência da totalidade.

Entenda, meu irmão, que aqui neste exato momento não há nada errado com você ou com a sua vida. Tudo está do jeito que deveria estar. Agora mesmo, neste exato momento, você é absolutamente amado.

Você está sofrendo? Tudo bem, mas isso não significa que você não seja absolutamente amado. A idéia de que o sofrimento indica que você não é amado é uma idéia que você impôs à situação. Na verdade, nada o impede de ser amado, salvo a sua própria crença na falta de amor. E é exatamente essa crença que o faz sofrer. Você sofre porque acredita e sente que, em algum momento, deixou de ser amado.

Você desvirtua a verdade da situação. Você transforma a causa no efeito e o efeito na causa. Esse é o seu medo em ação. Entenda isso para que possa ver além desse medo. Deixe que a sua consciência se aprofunde. Veja todo o drama do seu ego pelo que ele é.

Entenda que você criou sua experiência do mundo por meio do seu próprio medo. Mas não se torture por causa disso. Aceite o que você vê e deixe que a situação se transforme por si só. Quando você vir o mundo em sua total neutralidade, vai compreender que ele existe apenas para o seu próprio aprendizado.

Não quero confundi-lo com conceitos. Mas você precisa compreender como o seu medo desvirtua a verdade. Ele o torna uma vítima do mundo e isso não é verdade. Como vítima, você nunca vai conhecer seu poder criativo ou sua identidade no Amor.

Não desempenhe o papel de vítima. Esse é um jogo infrutífero, um jogo de espelhos. Aquele que age mal com você é apenas um reflexo da sua própria falta de auto-estima. Você cria a presença dele no seu espelho. Levante a cabeça, confesse o ódio que tem de si mesmo e deixe a outra pessoa ir. Guardar mágoas dela não vai ajudá-lo em nada. Castigá-la não fará com que você se sinta melhor.

Liberte todos que fizeram mal a você. Reze por eles e os abençoe. Não fique apegado a eles com pensamentos de vingança; liberte-os com palavras de amor. E saiba que, ao libertá-los, você liberta a si mesmo.

Posso pregar sobre o poder do perdão, mas você nunca vai saber como é grande esse poder até que o experimente. A disposição de perdoar a si mesmo e de libertar os outros dos seus julgamentos é o maior poder que você pode conhecer enquanto viver esta encarnação. O único poder maior que o do perdão é o poder do amor. E sem o gesto de perdão, que remove o véu do medo, o poder do amor permanece inatingível.

Preste atenção, meu irmão. Cada vez que perdoa, você está eliminando uma condição que impôs à sua capacidade de amar. Cada vez que você perdoa, o amor desperta dentro de você mais profundamente e a sua capacidade de estender esse amor aumenta. Essa é a natureza da jornada. Fique em paz com esse fato e ele certamente o conduzirá para casa.

Transparência

Se você não tem nada a esconder, a luz da sua atenção consciente não está mais comprometida com o segredo da vergonha. Mentiras não são mais necessárias. Seus relacionamentos não são mais cultivados com segundas intenções. A simplicidade e a transparência regem a sua vida, pois não há mais decepção.

Cada um de vocês tem essa transparência ao seu alcance agora mesmo, se tiver coragem de expressar tudo o que pensam e sentem sem hesitar. Esse é um gesto de confiança com relação aos seus irmãos e irmãs. É a disposição para se expor e mostrar sua vulnerabilidade.

Se você tem um determinado medo e confessa esse medo a alguém, tanto o medo quanto a culpa por trás desse medo deixam de ficar escondidos. Se você tem um pensamento de condenação com relação a alguém, pode negar esse pensamento, disfarçá-lo ou projetá-lo na outra pessoa ou pode lhe dar atenção e curá-lo. Você pode esconder seus pensamentos de ataque ou confessá-los.

O ritual da confissão, assim como a maioria dos rituais, perdeu seu verdadeiro significado. A confissão não tem nada a ver com a absolvição por parte de outra pessoa. Ela tem tudo a ver com o ato de rejeitar a densidade do engano e de trazer o medo e a culpa à luz da consciência. Aquele que ouve a confissão não é um juiz, mas uma testemunha. Ele não tem que usar roupas especiais ou estar em posição de autoridade. Qualquer testemunha serve, desde que compreenda que seu papel não é julgar nem condenar, mas sim ouvir com compaixão.

Não há quem não cometa erros. Agir mal com outra pessoa, com ou sem intenção, é algo muito comum. Esperar que isso mude é pura ilusão. Somente aquele que não está em contato com a sua vulnerabilidade humana poderia cultivar um sonho tão imponente e infundado. E como pode aceitar sua divindade aquele que não abraçou a própria humanidade?

Os erros serão cometidos e eu lhe peço que seja grato a cada um deles. Cada erro é um presente, pois ele o leva à correção. Celebre a oportunidade de trazer à tona toda manipulação e engano. Seja grato pelo convite para conhecer os lugares mais escuros da sua mente e levar seus conteúdos à luz do exame consciente.

Quando você justifica seus erros, fica apegado a eles, forçando-se a defendê-los repetidamente. Isso é um grande desperdício de energia e tempo. A bem da verdade, se você não tomar cuidado, esse pode se tornar o tema central da sua vida.

Por que não confessar seus erros, em vez de precisar passar o tempo todo defendendo-os? Assuma os seus erros para que eles não o acorrentem ao passado. Deixe que cada transgressão seja abertamente reconhecida. Se você pensa mal do seu irmão, diga isso a ele e peça que o perdoe. Isso não coloca o outro num pedestal, mas evita que você caia no poço sem fundo do desespero e do ódio por si mesmo. Esse é o remédio que você precisa para se livrar do medo, da desonestidade e da culpa. Tome esse remédio, meu irmão. Eu já o ofereci antes e o ofereço mais uma vez agora.

A densidade deste mundo é o resultado da sua falta de coragem para admitir seus erros. É o resultado do jogo de fingimento que você joga com seus irmãos. Você realmente acha que é possível que você tenha mais moral e seja mais correto do que eles?

O melhor que você pode fazer é ser cada vez mais habilidoso ao esconder seus erros. Esse é um jogo triste e enganador. Peço que pare com esse jogo.

Peço para confiar que sua irmã ou irmão não estão acima de você no julgamento, e sim lado a lado, como iguais. Eles não podem condená-lo sem condenar a si próprios.

Confesse para si mesmo. Confesse para seu parceiro, para seu chefe, até para um estranho na rua. Não fique preocupado com o que as pessoas pensam a seu respeito. Você estará transmitindo um ensinamento revolucionário. A sua confissão possibilitará que os outros também olhem para os próprios erros com compaixão.

A mulher que admite seus erros é uma centelha de luz para as outras. A luz brilha através dela, pois sua mente é transparente, como um canal através do qual a verdade flui sem esforço.

Seus irmãos sabem imediatamente que podem confiar nela, vão ao seu encontro e pegam nas suas mãos. Essa mulher é um verdadeiro sacerdote. Tendo perdoado seus próprios erros, pode estender esse perdão aos outros. Sua autoridade não vem de fora e sim de dentro de si mesma. Ela não lhe foi outorgada por nenhuma autoridade deste mundo. Mesmo assim, qualquer um que se aproxime dela a reconhecerá imediatamente e confiará nela.

Essa é a verdade sobre a confissão. Qualquer homem ou mulher pode ser um sacerdote. Não acredite nas mentiras ditas em meu nome. Use o seu bom senso.

Não se envergonhe se se afastou da religião por não aceitar essas mentiras. Eu também daria as costas a uma igreja que não oferece nada além de decepção, exclusividade e culpa.

Você tem o direito de rejeitar falsos ensinamentos. Porém, não deixe que sua raiva pela hipocrisia de homens mundanos, trajando batinas, desvie você do seu relacionamento direto comigo. Esqueça tudo o que lhe foi ensinado pelos outros e considere a verdade que está em seu coração agora. Esse é o lugar onde nos encontramos, não é numa construção imponente que ridiculariza meus ensinamentos e minha vida.

Considere a verdade, meu irmão. Você não pode guardar segredos de mim ou de seus irmãos e deixar seu sofrimento para trás. Para acabar com o sofrimento, você tem de acabar com todas as formas de engano na sua vida. E isso só pode ser feito se você disser a verdade para si mesmo, para mim e para seus irmãos.

O que você tem a perder exceto a densidade e a confusão do mundo? Guarde seus segredos e fique num labirinto ou confesse-os e livre-se da escuridão e dos caminhos tortuosos. A escolha é sua.

Mas não engane a si mesmo. Não há salvação no segredo, nem na escuridão. A salvação é oferecida abertamente a todos, sob a luz da verdade. Sob essa luz, nenhuma sombra de vergonha ou de pecado pode permanecer.

Tenha coragem de admitir seus erros para então se perdoar e se livrar da dor, da luta e do engano. Confie no seu irmão para que um dia ele também possa confiar em você. Não negue a verdade nem finja que não a ouviu. Eu já lhe disse a verdade em palavras bem simples, que você pode entender. O resto é por sua conta, pois a verdade não é abraçada até que você a coloque em prática na sua vida.

Cada um de vocês é uma das muitas faces das jóias multifacetadas do amor e da graça de Deus. Cada um de vocês tem uma maneira digna e simples de se expressar. A beleza de uma face não interfere no esplendor de outra. Apenas lhe acrescenta brilho e intensidade.

Aquilo que faz uma face brilhar está ao alcance de todas. A luz que brilha em mim também está em vocês. E não sou mais amado por Deus do que vocês. Isso, meus irmãos, vocês precisam saber dentro do próprio coração, pois, não importa o número de ensinamentos e pregações, nada mais vai lhes fazer acreditar.

Por isso lhe peço para praticar. Remova as impurezas do seu julgamento, pois elas bloqueiam a clareza da sua percepção. Remova os obstáculos da competição, da inveja e da ganância que bloqueiam o fluxo de amor no seu coração. Confesse seus medos, seus sentimentos de inadequação, suas faltas e ressentimentos. Leve a escuridão dos seus pensamentos e sentimentos secretos à luz da consciência.

Não há erro que não possa ser corrigido. Não existe falta que não possa ser perdoada. Esse é o meu ensinamento. Não é apenas por meio das minhas palavras que você pode compreender isso. Tudo o que ensino também demonstrei na minha vida. Como então posso pedir menos de você, meu amigo?

O Coração que Desperta

O amor incondicional vem naturalmente até você. É natural sentir compaixão por si mesmo e pelos outros. É natural querer confortar um amigo. É natural querer receber amor daqueles que lhe são próximos.

Nada disso requer esforço. Nada disso requer aprendizado.

Por que, então, é tão difícil ocorrer uma experiência de amor incondicional na sua vida? A resposta pode surpreendê-lo.

No princípio, você e Deus eram uma coisa só e compartilhavam a força onipotente do Seu Amor. Nada era impossível para você. Então você começou a imaginar o que aconteceria se criasse sem a interferência de Deus. Como você nunca havia feito isso antes, não tinha certeza se seria ou não capaz. Surgiu a dúvida e você imaginou: "E se algo der errado?" Essa dúvida era somente a ansiedade da separação, mas essa ansiedade deu margem a muitos outros pensamentos de medo. Entre esses pensamentos de medo, estava o seguinte: "Se eu fizer confusão, Deus pode ficar furioso comigo e deixar de me amar". Esse foi o pensamento fatal.

Não levou muito tempo para que ele o levasse à experiência de sentir culpa e de se distanciar da presença Amorosa de

Deus. Embora essa separação tenha sido artificial e auto-imposta, pareceu real para você. Você acreditou nisso.

Assim sendo, tudo o que você criou depois foi resultado desta crença, "Deus não me ama. Ele está decepcionado comigo e não mereço Seu Amor".

Então, na sua cabeça, "você caiu em desgraça". Você deixou de compartilhar da força onipotente do amor de Deus e passou a temer esse amor. Em outras palavras, você passou a ter medo do seu próprio poder criativo e o escondeu num lugar onde não pudesse vê-lo. Você deixou de ser um criador e passou a ser uma vítima. Você deixou de ser a causa e passou a ser a conseqüência. Melhor dizendo, você deturpou a realidade, fazendo do amor uma ameaça.

Quando você se sente separado, fica difícil lembrar como era antes dessa separação. Entretanto, esse parece ser o seu dilema.

Para achar o caminho de volta a Deus, você tem de fazer o caminho inverso e reconhecer que a "separação" foi escolha sua e não Dele. Você perguntou, "e se eu abusei desse poder?" e prosseguiu criando um mundo no qual o seu poder era uma ameaça. Você não parou e esperou pela resposta de Deus para suas dúvidas e medos.

Se você tivesse esperado pela resposta Dele, teria ouvido algo como, "Você é amado sem condições. Eu jamais deixarei de amar você. Se lembrar que é amado, você só poderá agir de forma amorosa".

Se você tivesse esperado pela resposta de Deus, sua ilusão de separação teria terminado antes mesmo de começar. Pois a resposta de Deus contesta imediatamente a sua suposição de que não é amado. Essa suposição é a idéia neurótica original.

Todo vitimismo começa com essa idéia. Você não é capaz de ter maus pensamentos ou atitudes ruins a menos que acredite que não seja digno de amor. Todo ataque parte dessa suposição.

Adão e Eva também fizeram uma pergunta desse tipo, "E se eu comer a maçã e ficar tão poderoso ou poderosa quanto Deus?" Eles também deram a mesma resposta cheia de medo, sentiram vergonha e se esconderam de Deus. Você está fazendo a mesma pergunta neste exato momento. Você está mastigando a mesma maçã. Você também está brincando de esconde-esconde com Deus.

A bem da verdade, o fato de continuar fazendo essa pergunta e respondendo a ela é que gera a sua experiência de vitimismo. No mundo em que criou, você ou é vitima ou algoz. À medida que você desempenha esses papéis, reconhece que a diferença entre um e outro é mínima. A vítima precisa do algoz e vice-versa.

A questão do mal não vem à tona até que alguém comece a duvidar de que merece dar e receber amor. Esse é o seu estado existencial. Você duvida de que seja digno de amor... você e todos no seu mundo. Agora vem a escolha, a única escolha que você precisa fazer: Você vai responder à pergunta "sou digno de amor?" ou vai esperar para ouvir a resposta de Deus?

É simples assim. Você vai deixar que Deus corrija a suposição equivocada que você fez originalmente ou vai acreditar nessa suposição e construir a sua vida com base nela?

Nunca é tarde demais para parar de mastigar a maçã. Nunca é tarde demais para perceber que a resposta que você deu às suas perguntas cheias de medo é insatisfatória. Nunca é tarde demais para você se voltar para Deus e dizer: "Deus, minha resposta encheu a minha mente de medo. Minha resposta trouxe apenas dor e sacrifício à minha vida. Minha resposta deve estar errada. Você me ajuda a achar outra resposta?"

Saiba que sua vida espiritual na Terra não começa enquanto você não faz essa pergunta. Não importa qual seja a sua religião. Não importa qual seja o seu padrão econômico e social. Cada um de vocês vai chegar a um ponto da vida em que estará pronto para questionar suas crenças e suposições equivocadas. Esse é o começo da sua cura e da restauração do seu próprio poder e propósito.

Duvidar da sua dúvida, negando a sua própria negatividade, é o ponto decisivo, é o fim da descida em direção à matéria e o princípio da subida em direção ao céu. É a renovação da sua parceria com Deus, é a Nova Aliança.

Você não pode ser parceiro de Deus enquanto vir a si próprio e aos outros como vítimas indefesas. A Nova Aliança pede que você reconheça o Reino de Deus em seu próprio coração. Esse é outro modo de dizer que você rejeita a idéia de que Deus esteja separado de você. Também rejeita a idéia de que você e seus irmãos não são dignos de amor. Você rejeita a idéia do mal, pois sabe que ela foi criada pelo medo. Você rejeita a idéia de que se pode abusar do poder de Deus.

A Nova Aliança é a aceitação da resposta de Deus à pergunta "E Se?" É o começo da sua salvação pessoal e é quando os seres humanos passarão a receber o Reino de Deus na Terra.

Um dia você rejeitou o seu poder de criar e a sua parceria com Deus. Agora está pronto para reivindicá-los. Um dia você nutriu a idéia de que poderia não ser digno de amor aos olhos de Deus. Agora reivindica a sua comunhão de amor eterno com Ele.

Quando aceita que Deus volte a fazer parte da sua vida, você muda toda a experiência do mundo e de todos os seres que o habitam. Você é um pai ou uma mãe para cada criança que se aproxima de você, um filho ou uma filha para cada pessoa idosa. Um amigo tanto para os amigos quanto para os que não têm amigos. Alguém que ama aquele que se lembra de que é amado e também aquele que se esqueceu disso.

Não há lugar em que a sua presença amorosa e o seu testemunho do amor de Deus não sejam necessários. Todos estão sedentos pelas suas palavras gentis. Todos tomariam do copo que saciou a sua sede.

A ilusão da infelicidade chega ao fim quando é questionada e rejeitada. Se você está questionando a sua infelicidade, está despertando para o amor incondicional que existe no seu coração. Enquanto não questiona a sua infelicidade, você aprofunda cada vez mais a sua experiência de infelicidade, até chegar ao fundo do poço. Enquanto não chega lá, você se sente satisfeito com as suas próprias respostas.

Ninguém pode forçar outra pessoa a despertar. As pessoas só percebem a futilidade de dar e receber amor condicional quando estão prontas para isso. Elas se mantêm apegadas à separação e ao controle até que a dor que isso provoca fique insuportável. O limiar da dor é diferente para cada pessoa, mas todos acabam por atravessá-lo.

É por essa razão que eu peço para que não pregue aos outros, simplesmente estenda seu amor a eles. Aqueles que estão prontos para receber amor vão segui-lo e pedir ajuda. Aqueles que não estão prontos vão continuar sua jornada sem interferir na sua.

Um ministro da igreja exerce o "ministério" para aqueles que precisam. Ele oferece amor, silenciosamente ou em palavras, a todos que o pedem. Ele não intimida os descrentes com palavras ou conceitos que prometam alguma salvação futura.

A salvação já está ao alcance daqueles que seriam salvos. Não julgue os outros porque não cabe a você julgar. Aqueles que demoram mais para se sentar no colo de Deus não são menos merecedores do que os que se sentam antes.

Na verdade, não é Deus quem pega você no colo. Nem mesmo eu faço isso. É você que estende os braços para Deus quando se lembra do quanto é digno do Seu amor e aceita o papel que lhe cabe no plano divino.

Sem se reconciliar com Deus, é impossível aceitar a Sua onipotência. Pois que todo poder vem dele. Como parceiro Dele, você compartilha esse poder em pé de igualdade, mas nunca pode exercer esse poder separado Dele. Mesmo dentro da ilusão "E Se?", você jamais poderia estar totalmente separado Dele. Nessa ilusão, você cruzou o portal da dor e optou por voltar. Assim acontece com todos.

Não é possível abusar do poder de amor de Deus. Ele pode ser rejeitado, negado e escondido, mas toda rejeição, negação e culpa secreta têm limites. A verdade pode ser distorcida, mas nunca completamente erradicada ou negada. Sempre resta uma pequena centelha na escuridão. E ela é sempre encontrada quando essa for a sua vontade.

Você, meu amigo, é o herói do seu próprio sonho. Você é quem sonha na escuridão e é aquele que traz a luz. Você é quem cria o pesadelo e é quem desperta dele. Se você ainda não conhece essa verdade, com o tempo vai conhecer.

Nesse drama que você mesmo criou, sua única discussão é com Deus. Parece que é com o seu irmão, mas não é. A árvore do bem e do mal cresce na sua própria mente. E é na sua própria mente que você explora as questões da desigualdade e do abuso.

Haverá um tempo em que a sua resposta e a resposta de Deus serão a mesma. Então a árvore do bem e do mal se transformará na árvore da vida, indivisível e completa. O amor não terá mais oposição, mas se expandirá livremente em todas as direções.

Quando alguém se aproximar de você com a idéia de impor condições sobre o amor que você ou ele quer oferecer, diga, "Irmão, eu já tive esse sonho e sei no que ele resulta. Só pode levar ao sofrimento e à morte. Não faz jus a nenhum de nós. Vamos questionar as suposições que lhe deram origem. Acredito que juntos poderemos achar uma solução melhor".

Se você um dia já se perguntou qual seria o seu propósito aqui na Terra, por favor, leia o parágrafo acima mais uma vez. Então vai lembrar que o seu propósito é meramente atender ao chamado do amor sempre que ouvi-lo. Não será difícil fazer isso se você estiver disposto. Não requer habilidade nem talento. Os como e porquês do amor se revelam naturalmente à medida que você atravessa a porta que se abre à sua frente.

Eu nunca disse que você deveria atravessar paredes de tijolos ou andar sobre a água. Eu meramente apontei a porta aberta e perguntei se você estaria pronto para entrar. E isso é tudo o que você precisa perguntar ao seu irmão.

Aquele que ama sem condições nunca tem expectativas com relação ao resultado. As pessoas chegam e vão embora e você nunca vai saber o motivo. Você acredita que alguns atravessarão a porta facilmente, mas, quando menos espera, eles retrocedem. Outros que, na sua opinião, nunca teria um vislumbre da porta de repente a atravessam com uma graça inesperada.

Não se preocupe. Não é responsabilidade sua saber quem vem e quem vai. A aliança é feita em cada coração e só Deus sabe quem está pronto e quem não está. Vamos deixar isso com Ele e simplesmente nos colocar a Seu serviço. A vida passa com mais suavidade quando fazemos a vontade Dele. E quando confiamos em Deus, nosso coração transborda de amor e aceitação.

Então passamos a saber que o suprimento de amor é ilimitado. Ele não tem começo nem fim. Quando o Reino de Deus é estabelecido em nosso coração, todos os limites da Terra são abarcados pelo amor sem fronteiras do céu.

Elimine o Pensamento de Escassez

O pensamento de escassez resulta da crença de que você não é digno de amor. Se você não se sente digno de amor, vai projetar essa carência fora de si mesmo. Você vê o copo meio vazio em vez de meio cheio.

Se você vê o copo meio vazio, não fique surpreso se, em pouco tempo, não tiver mais nada dentro dele. A falta é o resultado da percepção negativa. Claro que o mesmo princípio funciona ao contrário.

Se você vê o copo meio cheio, em pouco tempo ele estará cheio até a borda. Quando você sabe que é digno de amor, tende a interpretar as palavras e as atitudes dos outros com amor. Dificilmente você se sente ofendido. Se alguém é rude com você, você considera a possibilidade de que essa pessoa esteja passando por um momento ruim. Você não se sente uma vítima nem fica magoado.

O modo como você encara a vida depende do fato de você achar que merece ou não merece ser amado. Em ambos os casos você cria uma situação externa que vai reforçar a opinião que tem de si mesmo.

Toda preocupação com relação à prosperidade vem do fato de se viver no passado. A carência é simplesmente a lembrança de velhas feridas, que são facilmente projetadas no futuro.

Para acabar com o pensamento de escassez você tem de perdoar o passado. Seja o que for que tenha acontecido, não importa mais. Não tem mais efeito porque você já se libertou disso.

Você acha que foi tratado injustamente? Se a resposta é sim, você vai projetar carência na sua vida. Somente aquele que se sente tratado injustamente será tratado desse modo.

Acabar com o pensamento de escassez começa com a conscientização de que você se sente tratado de modo injusto. Reconheça que isso vem do seu sentimento profundo de desmerecimento. Entenda que você não se sente digno de amor neste exato momento.

Não tente mudar esse pensamento. Não repita a afirmação "sou amado agora", esperando reverter essa situação. Simplesmente conscientize-se do seguinte, "Não estou me sentindo digno de amor agora. Sinto que não mereço ser amado. Sinto que sou tratado injustamente. Tenho medo de que as coisas que me aconteceram no passado ocorram novamente".

Apenas reconheça o quanto seu coração endureceu. Reco nheça o quanto você se fechou emocionalmente. Pergunte a si mesmo se você se sente mais seguro agora do que antes.

A informação veio até você e você teve a chance de vê-la como algo negativo ou positivo. Você preferiu ver o copo meio vazio. Você escolheu ser uma vítima.

Tudo bem. Não se sinta envergonhado. Não é preciso que seu coração endureça ainda mais. Não precisa se torturar mais. Apenas tenha consciência da escolha que fez e do modo como ela fez com que você se sentisse. Olhe para isso, constate tudo o que essa escolha gerou e, em seguida, deixe-a de lado.

"Eu reconheço a escolha que fiz e percebo que ela me fez infeliz. Eu não quero ser infeliz, então farei uma escolha diferente. Verei o copo meio cheio."

Se você conseguir dizer essas palavras com integridade emocional, vai libertar-se do passado e livrar-se das feridas. Tente. Funciona.

Você praticou com muito empenho e aprendeu bem o papel de vítima. Não pense que a invencibilidade vem sem a prática. Apenas reconheça que escolher ser uma vítima e se disponha a não ser mais. Isso será suficiente.

O pensamento de abundância significa que você se sente amado e merecedor desse amor neste exato momento. Você pode dizer que se sente dessa maneira agora, mas se o telefone tocar e alguém lhe disser que sua mulher o está traindo ou que você acabou de perder muito dinheiro, como você se sente? O copo está meio vazio ou meio cheio?

Somente reconhecendo o seu pensamento baseado no medo é que você consegue transformá-lo. Honestidade emocional é fundamental para o crescimento espiritual.

Você não pode se forçar a pensar positivamente, mas pode reconhecer a sua negatividade. Reconhecer a própria negatividade é um ato de amor. É um gesto de esperança que diz, "Vejo o que está acontecendo e sei que existe um modo melhor. Sei que posso fazer uma escolha diferente".

Dar a si mesmo uma outra chance é um trabalho de redenção pessoal. Ao perdoar e abandonar o passado, você prepara o cenário para uma nova escolha. Não importa quantas vezes tenha cometido os mesmos erros, você tem agora uma oportunidade nova de se perdoar.

Sem o perdão, é impossível sair do pensamento de escassez. Só que para perdoar é preciso que você tenha consciência de todas as formas pelas quais está se machucando. Você precisa conhecer a ferida para então perdoá-la.

Feridas ocultas geram interesses escusos que nos mantêm reféns do passado. Feridas profundas a princípio precisam de um curativo, mas, para completar o processo de cura, precisam ser expostas ao ar e à luz do Sol. Todas as crenças e suposições inconscientes precisam ser trazidas à luz da consciência.

A escassez é uma professora importante. Cada percepção de falta e carência ao seu redor espelha um sentimento de não ser digno de amor e esse sentimento precisa ser trazido à tona.

A experiência da escassez não é Deus castigando você. Mas você mostrando a si mesmo uma crença que precisa ser corrigida.

Você tem capacidade para amar a si mesmo. Essa capacidade precisa ser despertada em você para que possa ocorrer um autêntico crescimento espiritual.

Você aprende a se amar percebendo o quanto se recusa a amar a si mesmo. E você normalmente vê como se recusa a amar a si mesmo percebendo o quanto se recusa a amar os outros.

A abundância passa a fazer parte da sua vida não porque você tenha aprendido a memorizar algumas baboseiras decoradas, e sim porque você aprendeu a levar amor aos aspectos feridos da sua psique. O amor cura todas as idéias de divisão e conflito assim como restaura a idéia original de totalidade, que está livre de pecado e de culpa.

Quando você tiver se visto como realmente é, vai saber que o amor não pode ser tirado de você. O amor lhe pertence pela eternidade... sem forma mas sempre presente, incondicional mas adaptando-se facilmente às condições do momento.

Sempre que alguma coisa aparentemente ruim acontecer, procure pensar, "Poderia Deus me dar um presente de valor duvidoso?" Não se deixe enganar pela embalagem da caixa e abra o presente com o coração aberto. E mesmo que você ainda não consiga entender o significado do presente, aquiete o coração, espere e descanse na certeza de que Deus não dá presentes de valor duvidoso.

Serão muitas as vezes em que você não saberá o significado do presente até que ele comece a agir na sua vida. Isso pode ser muito frustrante, mas é inevitável.

Os presentes de Deus não preenchem as expectativas do seu ego. O valor que eles têm são de uma ordem superior. Eles o ajudam a se abrir para a sua verdadeira natureza e propósito aqui. Algumas vezes os presentes de Deus parecem lhe fechar uma porta e você não entende a razão. Somente quando outra porta se abre é que você compreende por que a porta errada tinha sido fechada.

A sua parceria é com a Mente Divina. Por favor, não tente fazer da sua abundância responsabilidade sua ou de Deus apenas. Você precisa de Deus e Ele precisa de você. Disponha-se a encarar os medos e sentimentos resultantes da crença de que você não é digno de amor e Deus vai ajudá-lo a ver a centelha da luz divina que habita dentro de você.

Se está disposto a se amar, você vai abrir o canal através do qual o Amor de Deus poderá chegar até você. Abra a porta da abundância dentro da sua própria mente e veja as dádivas de amor refletidas à sua volta. E por favor, não julgue o valor desses presentes ou a forma que eles assumem na sua vida. Esse valor está além de questionamentos e sua forma pode não ser bem compreendida.

Gratidão

Você não pode mencionar a abundância sem também mencionar a gratidão. A gratidão nasce da certeza do merecimento e sustenta a experiência de abundância. Por outro lado, a ingratidão e o ressentimento originam-se da crença no desmerecimento e reforçam a idéia de escassez.

Nos dois casos, trata-se de um ciclo fechado.

Para entrar no ciclo da graça, você precisa dar amor a si mesmo e aos outros. Para entrar no ciclo do medo, você precisa se recusar a dar amor a si mesmo e aos outros.

Quando você entra num ciclo, a realidade do outro ciclo passa a ser questionada. É por isso que, muitas vezes, você tem a sensação de que existe, na sua experiência, dois mundos que se excluem mutuamente.

Aquele que tem gratidão não pode se imaginar sendo tratado injustamente. O ressentido não pode se imaginar sendo amado por Deus. Em que mundo você habita? A escolha é sua.

A todo momento, você tem de escolher entre bancar a vítima ou lembrar que você não pode ser tratado injustamente. No primeiro caso, você vai se ressentir com o acontecimento e vê-lo como um castigo; no segundo caso, você vai aceitar que ele é uma bênção, embora ainda não consiga vê-lo como tal.

Gratidão é a escolha de ver o amor de Deus em todas as coisas. Qualquer ser que faça essa escolha não pode ser infeliz. A escolha de apreciar leva à felicidade assim como a escolha de depreciar leva à infelicidade e ao desespero.

Uma atitude sustenta e eleva. A outra desvaloriza e rebaixa.

O modo como você opta por reagir à vida define a sua contínua percepção. Se você está vivendo no desespero, é porque preferiu não dar valor às dádivas que recebe da vida.

Toda pessoa que caminha sobre a Terra colhe os pensamentos que semeia. Se a pessoa quiser mudar a natureza da colheita do ano seguinte, precisa mudar os pensamentos que cultiva agora.

Tenha um único pensamento de gratidão e você vai ver o quanto essa declaração é verdadeira. Na próxima vez em que você estiver a ponto de desvalorizar uma dádiva que recebeu, faça uma pausa e abra seu coração para recebê-la com gratidão. Então, perceba como a experiência dessa dádiva e a relação com a pessoa que a proporcionou são transformadas.

Da próxima vez, quando você estiver prestes a fazer um julgamento ou a condenar alguém, faça uma pausa e coloque essa pessoa no seu coração. Abençoe o que você iria condenar. Abstenha-se de julgar e fique feliz por não ter julgado. Sinta o alívio que lhe invade quando você liberta o outro da sua limitada maneira de ver.

Quando eu disse para oferecer a outra face, ensinei-o a demonstrar ao seu irmão que ele não pode feri-lo. Se não pode feri-lo, ele não pode ser culpado pelo ataque que faz a você. E se não é culpado, ele não precisa se castigar.

Quando oferece a outra face, você não está convidando seu irmão a lhe bater novamente. Você o está lembrando de que não existe injúria. Você está dizendo a ele que sabe que você não pode ser tratado injustamente. Você está demonstrando a ele a sua recusa em aceitar o ataque, pois nesse momento você sabe que é digno de amor e merece recebê-lo. Sabendo do seu merecimento você não pode deixar de ver o dele.

As violências e os maus-tratos deste mundo terminarão quando você se recusar a ser vítima ou algoz. Quando isso acontecer, você sairá do círculo do medo e todas as suas palavras e atitudes serão cheias de graça. Será assim com cada experiência.

Cristo nascerá no seu coração assim como nasceu em mim. Mas antes você precisa deixar de lado toda crença de não merecer amor, todo pensamento de escassez, todo ressentimento, toda necessidade de ataque e de defesa. Primeiro, você tem de aprender a oferecer a outra face.

Pode parecer que existem dois mundos, mas na verdade só existe um. O medo é nada mais nada menos do que ausência de amor. Escassez é nada mais nada menos do que a falta de abundância. Ressentimento é nada mais nada menos que a falta de gratidão.

Não é possível que algo esteja faltando sem que antes tenha existido em abundância. A falta de algo só é sentida se isso um dia esteve presente.

É como um jogo de esconde-esconde. Alguém tem de se esconder primeiro. Quem será? Será você ou eu? Talvez seja o próprio criador.

Na verdade, isso não importa. Quando for a sua vez, você vai se esconder e seu irmão vai achá-lo, assim como eu o achei. Todos têm a chance de se esconder e todos acabarão sendo achados.

O mundo da dualidade emana da totalidade e à totalidade vai retornar. O que está unido se separa e depois volta a se juntar. Essa é uma dança simples. Não é preciso temê-la.

Eu o convido a entrar nessa dança sem se levar muito a sério. Nenhum de vocês é dançarino profissional. Mas todos são capazes de aprender os passos. Quando você pisar no pé de alguém, bastará que se desculpe. Todos vocês estão aprendendo ao mesmo tempo; sendo assim, é inevitável que cometam erros.

Liberte-se do Apego

As pessoas bem-sucedidas na manifestação física de suas idéias aprendem a estabelecer objetivos realistas e a cumpri-los de maneira flexível, de acordo com as condições existentes.

Se você quer entender o que significa flexibilidade, observe o comportamento de uma árvore jovem ao vento. Seu tronco é fino e frágil, contudo ela possui resistência e força admiráveis. Isso porque ela se move com o vento e não contra ele.

Quando as condições propiciam um acontecimento, ele ocorre sem grande esforço. Quando as condições não são favoráveis, mesmo um enorme esforço não resulta em nada. Para se mover ao sabor do vento, é preciso ser sensível às condições existentes. Há um tempo para o descanso e o retiro e há um tempo para seguir em frente e com ímpeto.

Saber quando parar ou seguir em frente é uma questão de intuição e bom senso. O pensamento abstrato por si só não leva à percepção verdadeira. É preciso que ele esteja combinado com a sensibilidade emocional.

Para ver as coisas com precisão, você precisa entender qual foi o investimento emocional que fez na situação, assim como a aparência externa ou o comportamento dela. Ambas as realidades, a interna e a externa, têm de ser levadas em conta.

Algumas pessoas dizem que a realidade interior determina a realidade exterior. Outras dizem que a realidade exterior determina a interior. Ambas as afirmações são verdadeiras. A galinha não estaria aqui se não fosse o ovo e vice-versa. Causa e efeito não são lineares nem vêm em seqüência. Manifestam-se simultaneamente. São circulares por natureza. Não só a causa determina o efeito como também o efeito determina a causa.

A resposta para a pergunta "quem veio primeiro, o ovo ou a galinha?" só pode ser nem um nem outro, ou ambos. A galinha e o ovo são criações simultâneas.

Todas as perguntas do tipo "ou isto ou aquilo" só podem ser respondidas dessa maneira ou a resposta estará errada. A Realidade Suprema não pode ser apreendida numa estrutura dualista de referência. Ela inclui tanto a realidade subjetiva interior quanto a realidade objetiva exterior, assim como a interação mútua e simultânea dessas duas realidades. Todos os opostos estão contidos nela.

A Realidade Suprema é a criação da plena aceitação, da entrega absoluta e do amor total, que a tudo inclui. Não há nada que seja separado do amor.

Mesmo quando árvores são arrancadas de suas raízes e arrastadas rio abaixo, não há nisso nenhuma tragédia, pois não existe diferença entre a árvore e o rio.

Em contraste com o fluxo da Realidade Suprema, existe a Resistência, que dá origem a várias condições. Surgem distinções, comparações e julgamentos e o fluxo natural é interrompido.

A natureza da Realidade Suprema é dizer "sim". Ela tem uma exuberância e entusiasmo naturais que contagiam todas as coisas. É a felicidade personificada, pois abrange a tudo e a todos como a si mesma.

A resistência sempre diz "não" e, por natureza, sempre causa luto e conflito, uma vez que a tudo se opõe. Ela é a infelicidade personificada.

Onde não há resistência não há infelicidade. A infelicidade sempre resiste a algumas condições e se estabelece em algumas interpretações contra ou a favor. A raiz da infelicidade é o apego.

Não estou pedindo para você desistir de todos os seus apegos. Esse, meu irmão, não é um objetivo realista. Estou simplesmente pedindo que você tome consciência de todos os seus apegos, idéias e interpretações contra ou a favor. Estou simplesmente pedindo para reconhecer o quanto você condicionou a sua felicidade.

Se você quer entender o incondicional, olhe para a árvore movimentando-se ao sabor do vento. Essa é a melhor metáfora que você vai achar. A árvore tem raízes profundas e galhos longos. É fixa embaixo e flexível em cima. É um símbolo de força e de entrega.

Você pode desenvolver a mesma força de caráter sendo flexível em todas as situações da vida. Mantendo a altivez e as raízes firmes no momento. Conheça suas necessidades, mas deixe que a vida decida a melhor forma de atendê-las. Não insista em querer que elas sejam atendidas a seu modo. Se fizer isso, você estará oferecendo uma resistência desnecessária. O tronco da árvore se parte quando ela tenta resistir ao vento.

Movimente-se com o vento. Sua vida é uma dança. Não é boa nem ruim. É um movimento, um *continuum*.

Sua escolha é simples: ou você dança ou você não dança. A decisão de não dançar não o retira da pista. A dança vai continuar ao seu redor.

A dança continua e você é parte dela. Há uma nobreza simples nisso. Sugiro que você aproveite a simples graça de estar vivo. Se você está procurando um significado maior na sua vida, vai ficar muito desapontado. Pois não existe nenhum significado além da dança.

Todas as condições se abrem ao incondicional. Esteja simplesmente aberto e presente e você cairá nos braços de Deus. Mas se você resistir mesmo que por um momento, ficará preso no emaranhado desnecessário que você mesmo criou.

Os seres humanos não conseguem se livrar da realidade condicional porque essa realidade é criação da consciência humana. Pare de tentar fugir daquilo que você mesmo criou. Aceite essa realidade assim como a árvore aceita o vento. A sua dignidade consiste em se tornar totalmente humano, receptivo às suas próprias necessidades e às necessidades dos outros. A compaixão não surge quando você se afasta de toda experiência emocional, mas quando participa dela inteiramente.

Algumas pessoas dizem que este mundo é um lugar de sofrimento. Isso é um absurdo. Este mundo não é nem prazeroso nem doloroso, ou podemos dizer que é as duas coisas ao mesmo tempo. Este mundo é o lugar onde nasce o corpo emocional e mental. O nascimento e a morte físicos simplesmente facilitam o desenvolvimento da consciência do pensar/sentir, que é responsável pelas suas próprias criações.

É absurdo negar a importância do nascer. E glorificá-lo é igualmente absurdo. Não existe um único ser humano empreendedor da jornada do nascimento que não tenha sentido ambas, dor e alegria.

Ambas são necessárias?

Não há dúvida. Sem a dor, a mãe não poderia dar à luz a criança. E sem a alegria do nascimento de uma nova vida, a dor não teria significado.

Mas não diga, "este mundo é um vale de lágrimas" ou "este mundo é um mar de rosas". Não procure fazer da sua experiência uma coisa que ela não é. Fique longe das interpretações que o façam levar em conta apenas um lado de cada aspecto da vida.

Minha experiência aqui não foi diferente da sua. Eu não venci a dor. Eu me rendi a ela. Não transcendi a morte, mas a enfrentei de boa vontade. Não glorifiquei o corpo nem o condenei. Não chamei esse mundo de inferno ou de paraíso, mas ensinei que ambos são criados por vocês.

Eu entrei na dança da vida assim como você, para crescer em entendimento e aceitação, para passar do amor condicional para a experiência do amor sem condições. Não há nada que você tenha sentido ou vivido, meu irmão e minha irmã, que eu também não tenha. Conheço cada desejo e cada medo, pois vivi cada um deles. E se me libertei deles, não foi por nenhuma graça especial.

Como pode ver, não sou melhor dançarino que você. Eu simplesmente me dispus a participar e a aprender, e isso é tudo o que eu lhe peço. Disponha-se. Participe. Toque e seja tocado. Sinta tudo. Abra os braços para a vida e deixe que seu coração seja tocado. É para isso que você está aqui.

Quando o coração se abre, ele se enche de amor e sua capacidade de dar e receber amor deixa de se basear em fatores externos. O coração dá amor sem pensar em receber algo em troca, porque o ato de dar é o maior presente. E ele recebe amor não só para si, mas para que os outros também possam usufruir desse presente.

As leis desse mundo passam a não mais limitar o homem ou a mulher de coração aberto. E os milagres acontecem, não por meio de alguma atividade especial, mas meramente como uma extensão do próprio amor.

Os milagres não se originam no pensamento linear ou seqüencial. Eles não podem ser planejados. Ninguém pode executar ou receber milagres, eles vêm espontaneamente ao coração que está aberto e à mente que deixou de lado a necessidade de controlar ou de saber.

A Mente de Deus é inocente e dispensadora de todos os dons. Ela não pode lhe recusar seu suprimento, porque você é parte dela. A Mente de Deus não o vê como algo separado. Como um pai zelando pelo filho único, ela olha para você com amor e afeição constantes.

"Volte-se para ela e receba esses dons." Ela chama você. Mas você não presta atenção nesse chamado. Na sua frustração, você não escuta a Voz Divina que o chama. Se você olha para as circunstâncias da sua vida e só enxerga o que lhe falta, é porque você não está ciente de que o amor incondicional de Deus o cerca.

Mesmo assim, não importa o quanto você possa se sentir longe de Deus; tudo o que o separa Dele é apenas um pensamento. E este é o momento da sua salvação.

Lembre-se disso, meu irmão. Agora, neste exato momento, ou você ouve a voz de Deus ou se enreda desnecessariamente no seu próprio psicodrama. Neste exato instante, ou você é feliz ou fica criticando as circunstâncias da sua vida. Fique ciente dos seus pensamentos e pergunte-se: "Eu estou consciente do amor incondicional de Deus por mim?"

Se a resposta for "sim", você vai sentir o calor da presença Divina em seu coração. E se a resposta for "não", sua própria consciência provocará a lembrança da presença Divina na sua mente e a atrairá. Essa prática simples não falha. Experimente e veja por si mesmo.

À medida que você aprender a se abrir para o momento presente, irá se conscientizar, cada vez mais, da Presença Divina na sua mente e na sua experiência de vida. Seu propósito pessoal se revelará nessa consciência expandida, fazendo com que você compreenda como pode ajudar mais a si mesmo e aos outros.

As circunstâncias se definirão diante dos seus olhos. As aparências quase sempre o deixarão perplexo, mas você não vai julgar. Você não vai mais achar nenhuma falha em si mesmo ou nos outros. Você vai aprender a se entregar à situação, fazendo o melhor que puder e repousando na força da sua entrega. Cada vez mais, você vai confiar na resposta de Deus e saber que a sua dádiva sempre é aceita do jeito que é. E ela é sempre suficiente.

Então, o tempo da autocrucificação chegará ao fim e a paz voltará à sua mente. Aí você me verá como realmente sou, pois o Cristo terá nascido dentro de você. Eu espero por esse momento com grande alegria e certeza. Porque esse é o momento da verdade. Esse é o fim de toda separação. Esse é o fim de todo sofrimento.

A Glória do Deus Interior

Deus não é uma abstração, mas uma presença viva, feliz, completa e livre, de pura bondade e abnegação.

Eu sei que isso é difícil de imaginar. Entretanto, peço que você amplie seus horizontes. Deixe de lado todos os limites daquilo que você estabeleceu como possível. Deus está além desses limites, pois Ele não tem forma. Por não ter forma, ele está em todas as coisas. Não existe lugar onde não se possa encontrar sua Presença.

Deus não é homem nem mulher, pois Ele não tem nem corpo nem sexo. Deus é normalmente chamado de "Ele" porque é masculino no relacionamento conosco. Nós somos o útero que carrega, nutre e gera Seu Espírito.

Mas mesmo que a nossa relação com Ele seja a mesma da noiva com o noivo, Deus não se ajusta a uma imagem masculina. Ele não é guerreiro, nem xamã, nem salvador. Ele não é o velho sábio de cabelos brancos, nem é também uma sábia mulher. Todas essas imagens são antropomórficas.

Deus é a presença amorosa que combina todas as qualidades positivas, masculinas e femininas. Ele é gentil e delicado e, ao mesmo tempo, forte e decidido.

Deus tem a sabedoria do sábio e a inocência da criança. Deus tem a força de um guerreiro, assim como a sensibilidade de uma jovem mãe. Ele é tudo isso e muito mais.

Deus está além de qualquer definição. Não pode ser limitado aos conceitos que temos Dele.

Como presença ilimitada, Seu Espírito transita livremente pela nossa mente e experiência. É da presença de Deus que recebemos a nossa própria essência. Isso é o que somos verdadeiramente, apesar de quase nunca estarmos conscientes da nossa Essência Divina.

O Espírito ou Essência Divina não nasce nem morre, pois já existia antes do nascimento e da morte do corpo. Essa Essência não está sujeita aos altos e baixos da experiência mental-emocional. Ela é uma presença amorosa, eterna e constante, para a qual retornamos quando paramos de nos crucificar e de atacar os outros.

A Essência Divina dentro de você não é diferente da Essência Divina dos seus irmãos e irmãs. Trata-se de uma única essência e de um único espírito. O corpo parece separá-los uns dos outros, mas a Essência Divina a todos une. As mentes podem discordar, julgar e atacar umas às outras, mas a Essência Divina mantém todas as mentes em simples harmonia.

Quando você se identifica com o corpo ou com pensamentos de separação, você esquece a sua Essência. Você esquece quem é. Você pensa que está separado do seu irmão. Pensa que está separado de Deus, pois do contrário jamais poderia julgar ou atacar.

Quando se lembra da sua Essência, você está se lembrando também da sua ligação espiritual com todos os seres. Atacar é impossível quando você se lembra de quem verdadeiramente é.

Você não pode conhecer a glória de Deus até que aprecie a Essência Divina que habita dentro de você. Isso não tem nada a ver com sexo, raça, nível econômico, nacionalidade ou religião. Também não tem nada a ver com quem você pensa que é ou com o que os outros pensam a seu respeito.

A Essência Divina dentro de você é totalmente amorosa e amável. Quando você está em contato com a sua Essência, simplesmente sabe que é aceito exatamente como é. Você sabe que não há nada em você que precise ser mudado ou melhorado. Para conhecer a sua essência é preciso que você descarte todas as críticas e julgamentos acerca de si mesmo. Também requer que você abandone todo o criticismo com respeito a seus irmãos e irmãs.

Quanto mais você aprender a ficar nesse estado, mais fácil sua vida vai ficar também. Por isso é que tantos caminhos espirituais sugerem a prática regular da meditação. A comunhão com Deus é essencial para o seu bem-estar físico, emocional e mental.

Eu não estou pedindo para você meditar ou rezar uma hora por dia, apesar de não haver nada de errado nisso. Eu simplesmente peço que você se lembre da sua Essência Divina durante cinco minutos a cada hora ou que faça desse um pensamento a cada dez. Faça com que a lembrança de Deus seja contínua, para que desta forma você não seja tão absorvido pela novela da sua vida. Nove pensamentos podem ser sobre como você precisa se melhorar ou melhorar alguém, mas deixe que o décimo pensamento seja sobre aquilo que não precisa ser melhorado. Deixe que o décimo pensamento seja sobre aquilo que é totalmente aceito e amado.

Esse era o ritmo que o Sabbath deveria estabelecer. Durante seis dias da semana você podia se deixar envolver pelo drama do trabalho e da luta diária, mas, no sétimo dia, você devia se lembrar de Deus. O sétimo dia era para você descansar e se voltar para dentro de si mesmo.

Deixe que a sabedoria do Sabbath volte a fazer parte do seu dia-a-dia. Desse modo você nunca vai esquecer quem você é ou quem é seu irmão. Pratique o ritual da lembrança e seus dias, horas e minutos serão transformados.

Quando você comer, Deus se sentará à sua mesa. Quando você falar com seu irmão, Deus vai lembrá-lo de dizer algo que o estimule. E quando você se esquecer de tudo isso e gritar com seu companheiro, Deus lhe sussurrará com bom humor: "Bem-vindo à novela". Então você vai aprender a rir de si mesmo e a não levar seus dramas tão a sério.

Tudo isso é um jogo de lembranças. Quando você reconhece isso, o significado do ritual muda totalmente. Você pode então escolher uma forma de ritual que o ajude a se lembrar. Não importa qual seja essa forma. Felizmente, existem tantas por aí que todos podem encontrar uma com a qual se sintam à vontade.

Aceite a escolha que seu irmão fizer, mesmo que ela seja muito diferente da sua. Saiba que aquilo que o ajuda a lembrar só pode ajudar você também. Não discuta sobre as diferenças das formas, o que importa é o conteúdo.

Nada é mais frustrante do que discussões vazias sobre formas. Palavras e crenças que separem as pessoas precisam ser deixadas de lado. Se o seu desejo é trilhar um caminho de Graça, esqueça as diferenças que vê, descubra aquilo que você pode compartilhar com os outros e concentre-se nisso.

A verdade vem em várias formas e tamanhos, mas nunca deixa de ser uma simples verdade. Você tem de aprender a ver a verdade em cada forma, em cada situação. Isso é o que um homem ou uma mulher de paz precisa fazer.

Você está se aproximando de um tempo em que as barreiras das culturas e das religiões serão transcendidas. Povos de línguas diferentes aprenderão a entender uns aos outros. Com a tolerância pela diversidade virá a compreensão dos valores universais que podem ser adotados por todos. Este é um tempo de grande importância. Cada um de vocês tem um papel significativo a desempenhar na derrubada das barreiras à paz.

Assim sendo, eu o incentivo a encontrar o lugar dentro de si mesmo onde tudo está intacto e completo. Desse lugar, você vai aceitar todas as pessoas que surgirem na sua vida e celebrar esse encontro. Desse lugar de paz interior, você será um pacificador entre homens e mulheres. É isso que eu ensino. Sempre foi isso que ensinei através dos tempos.

Outras Dimensões

A dimensão em que você vive a sua experiência de vida não é a única. Existem muitas salas de aula e cada uma delas tem seu próprio currículo.

Na sua sala de aula, a matéria principal é a igualdade. Vocês estão aqui para aprender que todos os seres são iguais, independentemente das circunstâncias aparentes. Homem e mulher, branco e negro, hindu e católico, são todos iguais em seu valor existencial. Todas as desigualdades são criação de vocês e têm de ser abolidas. Muitos de vocês têm trabalhado neste currículo há algum tempo. Não vou dizer a vocês quanto tempo! Vocês desenvolveram muitas maneiras engenhosas de distorcer a verdade da igualdade espiritual. Alguns de vocês vivem em condições de pobreza enquanto outros possuem fortunas. Alguns têm sempre a mesa farta e outros não têm o que comer. Por favor, entendam que essas condições de desigualdade não existiriam se vocês tivessem concluído as matérias do seu currículo.

Vocês estão aqui para superar a crença enraizada de que algumas pessoas têm mais valor do que outras. Como conseguir isso?

Primeiro, aceite a verdade da igualdade para si mesmo. Se você se sente superior ou inferior a qualquer outro irmão, é porque ainda não aceitou a verdade a respeito da sua identidade espiritual.

Segundo, aceite a igualdade dos outros à sua volta. Aceitar essa igualdade significa que, se você tem mais do que os outros, está disposto a dividir. E se você tem menos, está disposto a pedir a ajuda deles.

Você também está aqui para aprender a respeitar o direito que cada um tem de decidir por si mesmo. Se você decide pelo outro ou deixa que o outro decida por você, é porque ainda não aceitou a sua igualdade mútua.

O fato de vocês se intrometerem na vida uns dos outros parece lhes dar permissão para tornar seu irmão responsável pelas decisões que você toma ou deixa de tomar. Mas essa é uma falsa permissão. Com o tempo, você vai entender que só tem poder para prejudicar ou ajudar uma pessoa e essa pessoa é você mesmo. Enquanto não aprender a ser responsável por suas próprias decisões e a dar chance para que seu irmão possa fazer o mesmo, você não aceitará a verdade sobre si mesmo e sobre ele.

Embora isso pareça uma questão muito simples, a prática da igualdade é profunda, pois pode transformar o mundo e permitir que você e seus irmãos se formem juntos nessa escola.

Quando você deixar o corpo, vai continuar aprendendo numa sala de aula não-física. O aprendizado lá será acelerado porque não há tempo nem espaço para modular o efeito criativo do pensamento.

No mundo de vocês, leva tempo para que os pensamentos se transformem em efeitos visíveis. Nas dimensões não-físicas, o processo de tradução é automático. Por exemplo, se você pensar, "eu gostaria de visitar meu amigo Bob", você é instantaneamente transportado para a sala de estar do Bob. Sua ida não tomou tempo e você não viajou por espaço algum.

Alguns de vocês se comunicam com seres de dimensões não-físicas. Obviamente, essa comunicação ocorre simplesmente por pensamento. A comunicação interdimensional é difícil, mas não impossível. Com prática, a capacidade de ir além do mundo limitado do espaço/tempo vai aumentando.

Como o aprendizado é acelerado nas salas de aula não-físicas, muitos seres que deixaram o corpo desenvolvem a capacidade de controlar os próprios pensamentos. Eles passam a confiar, então, que poderão reentrar no ambiente físico e manter essa capacidade. Contudo, dos milhões que tentam, poucos conseguem dominar os pensamentos neste ambiente físico tão denso.

Há uma maneira fácil de entender por que isso acontece. Sua ciência ensina que, quando não está sob o efeito da gravidade do campo magnético da Terra, você fica praticamente sem peso e é capaz de feitos atléticos que não conseguiria realizar na Terra. A ciência também ensina que, quando você deixa a densa atmosfera da Terra, o processo de envelhecimento fica mais lento. Muitas das leis físicas deste planeta mudam fora do ambiente terrestre.

Quando você deixa o corpo, um fenômeno parecido acontece. Você passa a sentir uma liberdade criativa desconhecida na Terra, exceto talvez no estado de sonho, quando a sua atenção está voltada para dentro e seus processos orgânicos desaceleram. O estado de sonho possibilita uma boa metáfora para a expansão da consciência que ocorre quando o corpo perece.

Nos sonhos, você cria uma realidade inconseqüente. Pode matar e morrer, fazer sexo com tipos diferentes de pessoas, enfrentar grandes perigos e fugir de maneiras miraculosas. Poucos de vocês ousariam fazer acordados o que fazem enquanto estão sonhando. A experiência não-física é ainda mais surpreendente do que o estado de sonho, pois as possibilidades criativas são ilimitadas.

As escolas da Terra tornam-se, então, um ambiente para testar as capacidades desenvolvidas nas salas de aula não-físicas ligadas a este planeta. Você não se forma na escola da Terra enquanto não demonstrar que passou em todas as matérias do currículo. Todos os seres sabem disso e por isso estão todos ansiosos para encarnar num corpo físico e demonstrar que aprenderam suas lições.

Por que eles têm tantos problemas? Voltemos à metáfora da gravidade. Um atleta num ambiente sem gravidade não tem dificuldade para pular cinco metros de altura. Ele pode até voar. Na Terra, esse atleta tem de se esforçar para pular dois metros, dois metros e meio e nem sonharia em voar.

As condições densas da experiência física são difíceis de dominar. Leva tempo para que ocorra o desenvolvimento físico. Ele começa no útero da mãe e ali o bebê é totalmente dependente dela. Quando nasce, ele é completamente indefeso. Precisa aprender a se alimentar, a andar, a falar e a lidar com o ambiente. Convenhamos, para quem há pouco tempo vivia num ambiente não-físico, onde os efeitos dos pensamentos são instantâneos, isso é pura tortura. Com o tempo, a consciência dele se contrai e se acomoda no corpo físico, apagando o conhecimento de outras dimensões e de suas possibilidades criativas.

Em poucas palavras, a consciência é absorvida pela densidade do mundo físico. Sente-se como se tivesse sido pega numa armadilha. Não se lembra mais do estado menos limitado em que vivia. Não se lembra mais de que ela não é apenas um corpo.

Em alguns casos raros, a consciência não se contrai totalmente quando entra na sala de aula física. Essas pessoas habitam um corpo, mas ainda conservam a lembrança da dimensão não-física. Sabem que não estão limitadas ao corpo. Sabem que não são vítimas dos pensamentos ou das atitudes das outras pessoas. Sabem que podem criar a realidade com o poder do pensamento.

Essas pessoas são mestres espirituais. Eu era um desses vários mestres que encarnaram no nível físico para ajudar nossos irmãos e irmãs a se lembrar de sua verdadeira identidade não-física. Sem a presença desses mestres, a densidade do plano terrestre obscureceria a consciência coletiva e bloquearia grande parte da ligação com o conhecimento espiritual. Houve tempos, na história da humanidade, em que a experiência terrena foi realmente de grande escuridão. Os próprios seres humanos chamam uma dessas épocas de "Idade das Trevas". Os primeiros dois terços do século XX também foram um período sombrio.

A época em que você agora freqüenta a sala de aula física é um tempo de transição. Do ponto de vista tecnológico, vocês têm capacidade para destruir o ambiente da Terra quantas vezes quiserem. Mesmo assim, há mais luz na Terra agora do que jamais houve em outra época da história.

Se isso é verdade, você pode perguntar por que não me junto a vocês encarnando num corpo. Muitos esperam minha volta na forma humana, mas isso não ocorrerá. Meu trabalho aqui está quase concluído. Minha presença física agora, junto a vocês, só iria atrasar a transformação que estão prestes a fazer.

A essa altura, muitos de vocês já devem conhecer a natureza dessa transformação. Vocês estão aqui para finalmente superar o vitimismo. Estão aqui para aceitar que o seu poder criativo é que determina a sua própria realidade e para ajudar seus irmãos a aceitar o poder criativo que eles mesmos têm. Vocês estão prontos para fazer isso em massa. E eu estou aqui para ajudá-los. Por meio da sua comunicação não-física comigo e com outros mestres, vocês se libertarão das condições que reforçam seu sofrimento e acordarão para a sua própria Divindade.

Preciso da ajuda de cada um de vocês para cumprir minha missão aqui. Será por meio de vocês que meus ensinamentos serão demonstrados a cada momento. Por isso, a ênfase não pode mais recair nas palavras que separam as pessoas. É preciso dar ênfase à demonstração ativa dos princípios do amor e do perdão.

Sua sintonia individual e coletiva com a realidade não-física é um passo essencial para o processo de transformação do planeta. Se eu estivesse fisicamente presente, a experiência da crucificação seria repetida. Se você olhar a sua volta, pode ver que ainda é isso o que acontece com aqueles que desafiam o *status quo*. São maltratados, difamados e perseguidos. O único modo de evitar tudo isso é cada um de vocês acordar.

Não condene seu irmão à morte mesmo que ele se oponha às suas crenças mais sagradas. Pois condená-lo é o mesmo que condenar a mim. Tampouco o coloque num pedestal, mesmo que você acredite que ele seja impecável. Pois ninguém é. Ninguém vive sem cometer erros.

Eu também, querido irmão, cometi erros. Abandonei meus irmãos e meu Deus e os culpei por terem me abandonado. Não me julgue alguém especial nem faça isso com nenhum de seus irmãos. Vocês estão todos aprendendo as mesmas lições.

Aprenda a celebrar a sua igualdade com seus irmãos e irmãs. Pois assim você estabelece a sua igualdade comigo. Quando você me considera como igual, nossa comunicação progride sobremaneira.

Sempre que você aceita um irmão ou irmã no seu coração, também abre a porta para mim. Não há nenhum de seus irmãos que não me seja caro. Pois vejo dentro da alma tanto do criminoso quanto da vítima. Vejo ambos clamando por amor e aceitação e não os recusarei. Não se choque pelo fato de eu esperar o mesmo de vocês, que são as minhas mãos, os meus pés e a minha voz neste mundo.

Sejam pacientes e constantes, meus irmãos. Nosso trabalho não estará concluído enquanto houver vítimas e algozes. Nossa jornada não terá terminado até que tenhamos aceito o amor de Deus por nós e comunicado esse amor a todos que cruzarem o nosso caminho. Não há exceções aqui. É preciso que cada um seja aceito tal como é, para que possa superar o medo e a necessidade de revidar contra os outros.

Caminhar comigo é ser um servo de Deus e do homem ao mesmo tempo. Sirva ao homem mostrando-lhe que Deus lembra dele e o ama. Traga-lhe comida, água e conforte-o em seu sofrimento. Abrace-o e deixe que encoste a cabeça no seu ombro. Encoraje-o a chorar. Pois ele se sente abandonado pelos pais, pelos filhos, pelo parceiro e por Deus. Enquanto ele chora, conforte-o, pois não passou tanto tempo desde que você também se sentiu abandonado, com a garganta apertada, segurando as lágrimas da tristeza e do arrependimento.

Essa é a natureza da experiência humana. Basta que você tenha compaixão por seus irmãos. Pois vocês compartilham as mesmas experiências de sofrimento e de alívio.

Quando a lição da igualdade for aprendida, o campo eletromagnético do planeta vai mudar e a Terra ganhará um currículo mais glorioso. As sementes dessa transformação já foram plantadas. É sua tarefa regá-las e nutri-las.

A Tirania da Concordância

A noção que o ego tem do amor baseia-se na concordância. O ego não consegue entender que o amor pode estar presente quando duas pessoas estão em desacordo. Entretanto, a menos que você tenha liberdade para concordar com seu irmão ou discordar dele em qualquer situação, você não poderá amá-lo. Por exemplo, se o seu irmão insistir em dizer que é vítima das ações de outra pessoa, você concordará com ele? Claro que não! Mesmo que ele implore para que você o apóie nessa ilusão, você dirá: "Desculpe, mas eu não vejo a coisa desse modo".

Por outro lado, se uma irmã sente a necessidade de sustentar uma posição controversa e lhe pede para apoiá-la, você vai se negar? Talvez apoiá-la signifique que você também precisará se arriscar, mas você não se recusará a abençoá-la só porque a decisão dela não agrada a todos.

Será que eu preciso lembrá-lo de que o compromisso com a verdade nunca agrada a todos? Quase sempre esse compromisso significa dizer "sim" quando os outros dizem "não" ou dizer "não" quando os outros dizem "sim".

Muitos de vocês não conseguem imaginar que dizer "não" pode ser um ato de amor. No entanto, é muito fácil dizer "não" de forma amorosa. Se seu filho quer pôr a mão no fogão quente, você diz "não" com firmeza e sem hesitação. Você não quer que ele se machuque. Então você o abraça, reafirmando o seu amor por ele.

Quantas vezes seu irmão vem até você com a mão perto do fogão quente? Você simplesmente não pode apoiar qualquer comportamento que prejudique outra pessoa, assim como não gostaria que seus amigos o apoiassem se você tivesse o mesmo tipo de comportamento.

Amigo é aquele com quem você tem liberdade para concordar ou discordar. Um amigo vai sempre lhe dizer a verdade. Ele pode ou não perceber a situação com clareza, mas não terá medo de dizer o que pensa. O amigo diz a verdade e depois o lembra que você é livre para fazer sua própria escolha.

Esse é um ato de amor. Seu amigo o ama da mesma forma quando lhe diz sim e quando lhe diz não. Ele não se abstém de aconselhá-lo, nem tenta lhe impor a opinião dele. Ele quer ser útil. Ele trata você com respeito e dignidade e lhe diz a verdade.

Você não pode ser amigo se não estiver disposto a dizer a verdade. Isso não significa que você esteja certo. Estar certo e ser honesto não são necessariamente a mesma coisa.

Quando você é honesto, está fazendo o melhor que pode com a consciência que tem. Isso é tudo o que se pode esperar de você. Se o seu conselho está certo ou errado é irrelevante.

Porém, só honestidade não é suficiente. A honestidade e a humildade andam de mãos dadas. Sua humildade diz ao seu irmão, "É desse modo que vejo a situação. Posso estar certo ou errado. Como você a vê? Afinal, é você quem tem de fazer a escolha".

A pessoa humilde sabe até onde pode ir. Nunca tenta usurpar o direito e a responsabilidade do outro de fazer suas próprias escolhas.

Mas como você está sempre em busca de concordância, raramente experimenta o amor sem condições. A concordância é a condição suprema e, portanto, a co-dependência ou acordo supremos. A concordância diz, "se o seu ego e o meu ego concordarem, vou apoiá-lo".

Se dois egos concordam, o melhor é ficar de sobreaviso. Isso porque a natureza do ego é separar, dividir e entrar em conflito com os outros egos. Então, quando dois egos concordam, você pode estar certo de que eles estão se unindo para fazer oposição a outro ego. Esse não é um acordo verdadeiro e sim uma aliança temporária. Assim que o inimigo é vencido, a aliança deixa de ter um propósito e cada ego volta a cuidar dos próprios interesses.

Buscar o amor na concordância não é uma atitude sábia, pois tende a causar decepção. Você faria melhor se buscasse o amor na discordância.

Você vai lembrar que eu lhe disse, "ame o seu inimigo". Eu não disse isso para ser perverso ou para causar dificuldade. Eu disse por várias razões importantes. Primeiro, porque é muito fácil amar os amigos. Na maior parte do tempo, seu amigo está de acordo com você e o apóia. Sendo assim, não é difícil amá-lo.

Mas seu inimigo discorda de você. Ele acredita que você está errado. Ele vê suas fraquezas e fará o possível para se aproveitar delas. Se você tem uma deficiência, pode estar certo de que ele está ciente disso. Resumindo, seu inimigo não está disposto a lhe dar o benefício da dúvida. Assim sendo, ele é o seu melhor professor.

Seu inimigo reflete de volta para você tudo o que você não gosta em si mesmo. Ele mostra quais são exatamente as suas inseguranças e os seus medos. Se você ouvir o que o seu inimigo está lhe dizendo, vai saber exatamente o que corrigir em si mesmo. Somente aquele que se opõe a você pode ser um professor eficaz.

Por que eu digo "ame" o seu inimigo? Digo "ame" o seu inimigo porque, caso contrário, você não vai estar valorizando a bênção que ele lhe traz.

Ninguém pode passar pela vida sem aliados e oponentes. Um bom aliado está disposto a se opor a você. E um bom oponente é o melhor aliado.

Quando aprende a amar o seu inimigo, você demonstra que está disposto a olhar para todas as partes sombrias que existem dentro de você. Seu inimigo é simplesmente um espelho no qual você se olha, até que aos poucos o rosto zangado que você vê lhe sorri de volta.

Para fazer as pazes com seus inimigos, você precisa ver através dos olhos deles e dos seus próprios olhos. Então você vai desenvolver compaixão e superar o conflito.

Lembre-se de que você não tem de concordar com seus inimigos para fazer as pazes com eles. Mas precisa aprender a amá-los.

A paz não resulta do acordo entre egos, pois para eles é impossível concordar. A paz acontece quando existe amor e respeito mútuo. Quando existe amor, seu amigo passa a ser um amigo que não tem medo de discordar de você. Você não o descarta só pelo fato de ele ver as coisas de modo diferente do seu. Você ouve com atenção o que ele tem a dizer.

Quando você ouve seu inimigo assim como ouviria um amigo, não é o seu ego que está ouvindo. O Espírito dentro de você está ouvindo o Espírito dentro dele.

A causa de todo conflito humano é muito simples: um lado desumaniza o outro. Um lado vê o outro como se este não tivesse valor. Enquanto um lado considerar o outro desse modo, nem mesmo o menor detalhe poderá ser negociado. Mas se um lado encarar o outro com uma atitude de respeito e aceitação, mesmo os detalhes mais difíceis poderão ser resolvidos.

Os milagres são frutos do amor. As soluções que surgem de mentes amorosas são ilimitadas. A disposição para amar — considerar uns aos outros como iguais — é a essência que está por trás de todos os milagres.

Da diversidade de perspectivas, surge a perspectiva que respeita a todos. Contudo, essa perspectiva não surgirá enquanto cada uma das pessoas envolvidas não for ouvida. Sua tarefa, meu irmão, é dar a cada um o direito de ser ouvido. Essa é a essência da democracia, que, além de ser um ideal espiritual, é também um processo vivo e atuante.

Quando o processo se interrompe, o ideal é corrompido. Mas quando ele se mantém forte — não importando o quanto pareça desajeitado e canhestro —, o ideal sempre acaba por se manifestar.

A sociedade que tolera diferenças de perspectiva é uma sociedade fundamentada na demonstração prática do amor e da igualdade. Aqueles que buscam a concordância constroem sistemas totalitaristas em que a liberdade individual é sacrificada e o todo nunca se beneficia da sabedoria das partes. Esses sistemas estão condenados ao fracasso.

É preciso coragem para discordar. É preciso sabedoria para manter um ambiente de igualdade em que todas as perspectivas sejam levadas em conta. O caminho da verdade nunca é um caminho fácil. E certamente nunca se baseia na conveniência.

Solucionar o conflito com base na conveniência é exterminar todos aqueles de quem você discorda. O objetivo nesse caso não é amar, nem mesmo entender, mas destruir os inimigos. Esse tem sido o sistema de valores que prevalece no seu planeta ao longo da história.

A abordagem pela democracia é uma nova experiência de coragem. A democracia diz "permita que todas as vozes sejam ouvidas". Ela dá as boas-vindas à diversidade e tem fé no valor essencial de cada ser humano. A democracia pede que você ame e respeite seus oponentes e aprenda com eles. Ela pressupõe que o coração e a mente humana sejam suficientemente profundos e abertos para conter todas essas perspectivas. Na verdade, ela confia todo o seu sucesso à capacidade dos homens de considerar pontos de vista diferentes e, quando apropriado, mudar de opinião.

Idéias totalitaristas e fundamentalistas brincam com seus medos. Estão sempre criando inimigos e se esforçando para derrotá-los. Acreditam que existe um lado que é bom e outro lado que é ruim.

Elas são dualistas e simplificadas demais na sua maneira de ver o mundo. Mas o caminho da compaixão, que é o caminho que eu ensino, desafia você a amar e a aceitar todos os seres como iguais. Ele não faz exceções, pois sabe que condenar uma pessoa é o mesmo que condenar todas. Não é um caminho fácil, pois reconhece que sempre haverá desafios ao seu compromisso com a igualdade. E cada desafio tem de ser enfrentado com toda a profundidade do seu compromisso, se você de fato quiser demonstrar a verdade.

Muitas pessoas usam o meu nome em vão. Atribuem julgamentos e idéias ofensivas a mim, usando-os para justificar todo tipo de ato vil. Por isso preciso lhe dizer claramente: não use meu nome em vão. Não use meu nome para julgar nenhum homem ou mulher. Eu jamais tomei partido de um irmão em detrimento de outro. Nem jamais lhe pediria que tomasse essa atitude.

Eu lhe pedi para encontrar paz na sua própria mente. E também pedi que ficasse em paz com todos os seus irmãos e irmãs. Como você pode distorcer um ensinamento tão simples?

Se você ouvisse isso com o coração, saberia que não pode usar essas idéias para justificar nenhum julgamento ou ataque a qualquer ser humano. Quando você estiver prestes a julgar uma pessoa, volte-se para dentro de si mesmo e pergunte, "eu me julgaria desse modo?" Pois qualquer julgamento contra seu irmão é também um julgamento contra você mesmo. E qualquer julgamento contra você mesmo é um julgamento contra mim.

Pois eu não estou separado de você. Sendo assim, o modo como você se trata e trata seus irmãos é o mesmo com que você me trata. Como somos inseparáveis, nossos destinos estão ligados.

Entenda, meu irmão, que você não vai encontrar amor se estiver procurando concordância. O amor acontece num nível mais profundo que esse. Quando aprende a amar aqueles que se opõem a você, você acha a Fonte que está além do julgamento e do medo. Nessa Fonte, estamos todos unidos como iguais, livres para pensar e agir de acordo com a nossa orientação.

Eu o apóio em sua liberdade de escolha, mesmo quando você faz uma escolha diferente da que eu faria. Pois eu confio em você, meu irmão ou irmã. Eu confio no plano de Deus para o seu despertar. E eu sei que nenhum erro que você cometa jamais poderá apartá-lo do amor de Deus ou do meu.

Crime e Castigo

Se pensamentos pudessem matar, quantos de vocês ainda estariam vivos? Eu quero lembrá-lo de que nos pensamentos estão as sementes de todas as ações. Se você pensa, "não agüento mais isso ou aquilo", você está fazendo um ataque.

Aquilo que começa como um pensamento rapidamente é expresso em palavras. Se você difama uma pessoa na frente de outras ou conspira pelas costas, você a está atacando.

Aquilo que é expresso em palavras rapidamente se torna ação. Se as suas palavras inflamam aqueles que concordam com o seu ataque, você pode se sentir cheio de razão ao arrasar essa pessoa ou até ao matá-la.

A sociedade diz que "somente a ação física é repreensível. Os ataques verbais aborrecem, mas são inevitáveis. E ninguém seria louco o suficiente para tentar prender alguém por conta de seus pensamentos".

Você se sente ultrajado diante de um assassinato, mas o pensamento assassino é aceitável. Vocês todos têm esses pensamentos. Vocês se sentem ultrajados diante de um estupro ou abuso sexual, mas não ficam muito incomodados com pensamentos sobre isso.

Eu peço para se lembrar de que tudo que você pensa sobre outra pessoa, diz a ela ou lhe faz é um reflexo do que você pensa sobre si mesmo. Um pensamento negativo que você tenha sobre alguém é uma demonstração de como você vê a si mesmo. As fofocas ou os ataques verbais mostram seus próprios sentimentos de vergonha e de rejeição emocional. E a violência física com relação ao outro indica seu próprio impulso suicida.

Isso não é nenhum mistério. Somente aquele que está sofrendo agride os outros. E eu lhe pergunto, quantos de vocês não estão sofrendo? Quantos de vocês não estão agredindo os outros ainda que de modos mais sutis?

A diferença entre você e aquele que estupra e mata não é tão grande quanto você pensa. Eu não digo isso para que você se sinta mal, mas para ajudá-lo a acordar para as responsabilidades que tem com relação aos seus irmãos.

Se você pode se perdoar por ter pensamentos de vingança, por que então não pode perdoar um homem ou uma mulher que pratique um ato de vingança? Eles estão meramente fazendo coisas sobre as quais você também já pensou.

Não estou justificando o ato da vingança. Não posso justificar qualquer forma de ataque e não estou sugerindo que você faça o mesmo. Estou simplesmente perguntando por que você expulsa essa pessoa do seu coração. Talvez ela esteja mais desesperada por amor e perdão do que você. Você negaria isso a ela?

Seu irmão tem uma ferida profunda. Ele cresceu sem pai. É viciado desde os nove anos de idade. Mora num lugar onde nunca se sentiu seguro. Você não sente compaixão pela criança ferida que existe no homem que comete um crime?

Será que, se você estivesse no lugar dele, conseguiria fazer algo melhor? Seja honesto, meu irmão. Nessa honestidade, você vai achar compaixão. Ainda que não seja pelo homem, que seja pelo menino que se tornou esse homem.

Eu lhe digo agora que não é o homem quem puxa o gatilho e sim o menino. É ele que se sente sufocado e ultrajado. É a criança que não se sente amada nem aceita. É o menino machucado que ataca, não o homem.

Não existe nenhum homem, meus irmãos. Existe somente o menino. Não deixe que a sua visão seja distorcida pela face rancorosa e desdenhosa do homem. Por trás dessa aparência tão dura, existe autocondenação e uma dor insuportável. Por trás da pouca humanidade e da raiva desmedida desse homem, está o menino que não acredita ser amado.

Se você não tem compaixão pelo menino dentro desse homem, como poderá ter compaixão pelo menino ou pela menina dentro de você? Pois os medos dele e os seus não são tão diferentes.

Vamos primeiro tirar sua máscara de superioridade moral. Depois vamos deixar que o menino ou menina dentro de você olhe para o menino dentro dele. É aí que começam o amor e a aceitação. É aí que o perdão começa a criar raízes.

Os criminosos são um grupo de intocáveis na sua sociedade. Vocês não querem olhar para a vida deles. Não querem saber da dor que eles carregam. Só querem trancá-los onde não precisem lidar com eles. E fazem a mesma coisa com os idosos, com os doentes mentais, com os sem-teto e com outros tantos.

Veja, meu amigo, você não quer a responsabilidade de amar seu irmão. Entretanto, sem amar seu irmão, você não consegue aprender a amar e a aceitar a si mesmo. Seu irmão é a chave da sua salvação. Ele sempre foi e sempre será.

Do mesmo modo que os indivíduos negam e reprimem as tendências negativas que não querem aceitar em si mesmos, a sociedade nega e institucionaliza os problemas que não quer encarar. Tanto o consciente individual como o coletivo estão cheios de feridas sobre as quais nada se fala. O comportamento nesses dois níveis é dirigido por uma dor não-reconhecida, pela culpa e pelo medo incutidos nessas feridas.

O perdão traz a luz que vasculha esses lugares escuros e secretos dentro de você mesmo e dentro da sociedade. O perdão diz para a sua culpa e para o seu medo, "Venham aqui fora para que eu possa vê-los. Eu preciso entender vocês". O perdão diz para o criminoso, "Venha aqui fora, olhe para as vítimas dos seus crimes. Corrija isso, comece o seu processo da cura".

Entrar em contato com a ferida é sempre o primeiro passo do processo da cura. Se você não está disposto a encarar, individual e coletivamente, o medo por trás da ferida, o processo da cura não pode começar.

É duro para você olhar a sua dor reprimida. É duro para a sociedade olhar a dor dos seus marginais. Mas isso tem de ser feito.

Enquanto a ferida não for trazida à luz da consciência, todo mundo vive na prisão da reação. Não é só o criminoso que está atrás das grades. Aqueles que o colocaram ali vivem atrás de grades diferentes. Se você não trouxer à tona o que está no inconsciente, irá expressar seu conteúdo de forma distorcida. Se você não trabalhar com o criminoso na intenção de ajudá-lo a se amar e a se aceitar, ele vai voltar à sociedade com a mesma raiva e o mesmo desejo de vingança.

Construir mais prisões ou colocar mais policiais nas ruas não é garantia de segurança. Essas medidas apenas agravam a situação, deixando as pessoas com mais medo.

Se você quer melhorar essas situações, leve o trabalho do perdão para dentro das prisões e das comunidades. Contrate mais professores e assistentes sociais. Alimente as pessoas, questione-as emocional e mentalmente. Ofereça a elas laços afetivos seguros. Providencie oportunidades de educação e de treinamento. Dê esperança, aceitação e amor.

Esse é o trabalho do pacificador. Isso é prestar serviço. Isso é abraçar seu irmão como a você mesmo.

E, por favor, lembre-se de que, ao dar aos outros, você está dando a si mesmo. Ninguém ama sem receber amor de volta. Ninguém dá um presente sem que seja, ao mesmo tempo, presenteado.

Já é tempo de você parar de tentar castigar o pecador que existe em si mesmo e o criminoso na sociedade. O castigo sempre reforça a rejeição. Isso é o contrário do que é preciso. Os sentimentos de rejeição precisam ser mitigados e atenuados. O julgamento e o ataque têm de ser trazidos à luz da consciência e do entendimento. A culpa e o medo precisam ser vistos pelo que realmente são.

O trabalho de reabilitação é um trabalho de integração. É preciso acender uma luz na escuridão. Tudo o que é inaceitável precisa se tornar aceitável para que possamos olhar sem medo. As sementes da ação têm de ser encontradas no pensamento para que possam ser tratadas ali. Você não pode mudar suas ações sem antes mudar seus pensamentos.

Se você taxou alguns pensamentos de tabu, vai ter medo de olhá-los. Isso não é construtivo. Disponha-se a olhar os pensamentos assassinos na psique para não ter que enterrá-los no inconsciente.

Ajude as pessoas a assumir a responsabilidade pelos pensamentos que cultivam e pelos efeitos desses pensamentos. O poder pessoal e a auto-estima verdadeiros começam com o reconhecimento de que é você quem escolhe sobre o que pensar, o que dizer e como agir.

Aqueles que atacam os outros acham que não têm escolha. Aqueles que sabem que têm escolha não atacam os outros.

Essa é a chave. Mostre a um homem as opções que ele tem e ele não cometerá crime algum. O crime é uma outra forma de autopunição, é uma escolha inconsciente movida por uma culpa também inconsciente. O criminoso age dessa forma porque ainda está tentando se castigar. E a sociedade o obriga a isso, castigando-o e reforçando a culpa que ele sente.

Esse círculo vicioso só acaba quando a sociedade deixa de lado o ostracismo e o castigo e se compromete com a cura. Toda pessoa que sofre tem de ser lembrada de que precisa ajudar a si mesma. É preciso fazê-la identificar conscientemente sua culpa e seu sentimento de menos valia e ajudá-la a transformar esses sentimentos e crenças negativas sobre si mesmo.

Os leprosos da sua sociedade não são diferentes dos leprosos do meu tempo. Eles carregam na pele as feridas de todo mundo. Eles são as testemunhas da dor com a qual você não quer lidar. A sociedade deveria ser grata a eles, pois são aqueles que os conduzem. Eles apontam o caminho da cura que todos os seres humanos têm de trilhar.

Poder e Maestria

A cooperação com as leis naturais deste planeta é essencial para a sobrevivência. Contudo, existem leis não-físicas ou princípios mentais que ajudam a dar forma à experiência terrena.

Por exemplo, o combustível do pensamento é a concentração nos acontecimentos externos e o envolvimento nas questões do dia-a-dia. Quando a mente se volta para dentro e observa a si mesma, os pensamentos começam a diminuir até que cessam totalmente. O observador e o observado tornam-se uma coisa só.

A prática da auto-observação é extremamente eficaz. Ela quebra a barreira entre sujeito e objeto, criando uma nova possibilidade para a intimidade. Passado e futuro se rendem ao momento presente, o eterno "agora", o berço de todo o potencial criativo.

O poder existe como potencial. Assim que se manifesta externamente, como força, ele supera a resistência do ambiente. O ambiente fica, então, enfraquecido. O poder se mantém mais forte ainda quando é fundamentado na verdade em vez de ser expresso externamente.

Quando age, você se compromete com um curso de ação específico. Depois disso, mudar esse curso fica difícil, especialmente quando você já ganhou um certo impulso.

Assim, antes de agir, projete mentalmente, na situação, a ação que pretende empreender e peça a opinião das pessoas envolvidas. Deixe de lado as expectativas e ouça cuidadosamente. Sua capacidade de ver além das suas percepções baseadas no ego vai ajudá-lo a obter informações úteis e importantes.

A mente conceitual espera resultados lineares a cada ação executada. Entretanto, os resultados lineares são raros. Assim que a força encontra com a resistência, seu curso é alterado. Ela se move para cima, para baixo ou em torno do que impede sua passagem. Quase sempre é desviada da sua trajetória original.

Mesmo assim, todo o seu planejamento prevê resultados lineares. Não é de admirar que você se decepcione com tanta freqüência.

Como a maior parte das decisões não é tomada da melhor maneira, a tendência é que sejam recicladas. Por causa da culpa, essas decisões entram numa órbita circular. A culpa é como um campo magnético que mantém todas as decisões sujeitas à dúvida e à reinterpretação constantes. A culpa traz todas as ações de volta, oferecendo sempre a mesma escolha em diferentes situações.

As ações destituídas de culpa só são possíveis quando você se projeta mentalmente dentro de certas situações e antecipa os resultados. Um plano que leve em conta a resistência e a objeção tem mais chance de fazer sucesso.

Isso parece um processo intelectual, mas não é. É um processo altamente intuitivo, que requer a verdadeira habilidade de ouvir. A ação não acontece antes de se ter buscado uma orientação.

Ações precipitadas raramente produzem bons resultados. São falhas do princípio ao fim. Ou são impulsivas demais ou são excessivamente deliberadas e sem espontaneidade.

Se eu lhe perguntar como se sentirá ao dizer algo para o seu amigo James, você pode me responder de dois modos diferentes. Pode pensar em James, levar em conta o que viveram juntos no passado e responder com base nesse passado. Ou pode se sentar, fechar os olhos, pensar em James e lhe dizer algo mentalmente, para ver como ele reagiria. O segundo método vai surtir resultados muito melhores do que o primeiro.

Toda a informação de que precisa na vida você pode obter no momento presente, por meio do simples método de perguntar. É claro que esse método só funcionará se você puder perguntar partindo de um ponto de vista neutro. Sua preferência influenciará a resposta, distorcendo-a. Para que não haja distorção, antes de perguntar afirme com honestidade: "Ponho minhas preferências e preconceitos de lado e me abro para uma resposta franca e verdadeira".

A natureza cíclica do pensamento e da ação lhe traz lições continuamente. Essas lições salientam a lacuna entre o que você quer, e espera que aconteça, e o que parece se manifestar na sua vida. Você vive tentando sair desse dilema, mas nunca consegue, porque o próprio dilema é necessário para o seu aprendizado.

É inevitável que você concentre a atenção nas pessoas e nas coisas do mundo lá fora. Este é o mundo das "condições". Ele não pode lhe dar o que você quer. O mundo só pode lhe refletir de volta aquilo que você não quer.

A busca pela felicidade neste mundo é uma tarefa árdua. O mundo não pode fazer ninguém feliz. Quanto mais cedo você aprender isso, mais suave será a sua trajetória.

Se você olhar com honestidade para a sua experiência, vai verificar que você gasta a maior parte do seu tempo "resistindo" a certas situações ou tentando evitá-las. Evidentemente, quanto mais você tenta evitar essas situações, mais elas surgem na sua vida. Isso acontece porque você não consegue aprender nada por meio do escapismo ou da negação.

Somente quando você encara a situação que está se desenrolando na sua frente no presente momento e assume a responsabilidade por ela é que você começa a considerá-la de modo produtivo. Assumir o seu medo é o primeiro passo para se livrar dele.

Você pensa que está aqui para conquistar muitas coisas glamourosas e importantes, mas isso é só a ânsia do seu ego por reconhecimento. Você está aqui não para fazer coisas, mas para se livrar das idéias e crenças equivocadas que tem sobre si mesmo e sobre os outros. Ninguém mais pode fazer isso por você. Você aceitou essas idéias, agora é você quem tem de rejeitá-las.

Não há nada glamouroso em rejeitar o que é falso. Na verdade, esse é um processo muito corriqueiro e desapaixonado.

Por favor, passe algum tempo examinando seus objetivos. Quantos desses objetivos relacionam-se com a conquista de algo no mundo? Você verá que quase todos se relacionam com isso. Não se envergonhe. Apenas reconheça que a sua atenção está voltada para o exterior. E por favor, reconheça que, mesmo quando é possível fazer essas conquistas, você não fica feliz.

A felicidade só acontece no presente. Se você está feliz agora, não há mais nada para conquistar. Na verdade, quando você se preocupa em estar feliz amanhã ou daqui a cinco minutos, esquece de ser feliz agora. Todos os seus planos e sonhos o afastam da sua alegria no presente.

Muitos de vocês realizam trabalhos muito importantes servindo aos outros. Mesmo assim, não estão felizes no presente momento. Eu lhes pergunto, qual é o preço que estão pagando para servir aos outros?

Você acredita realmente que pode trazer felicidade aos outros mesmo estando preocupado e estressado? Claro que você sabe que isso não é possível.

Eu lhe pergunto, meu amigo, será que você está disposto a desistir dos seus objetivos "importantes" em nome da sua felicidade no presente? Você tem coragem de reivindicar o momento presente sem saber para onde ele vai conduzi-lo?

Todo esse caos e essa confusão na sua mente e na sua vida podem ser transcendidos se você simplesmente decidir ficar totalmente presente e atento neste momento. Essa é a verdade milagrosa.

Você gostaria de se livrar de todo conflito, sofrimento e julgamento sobre si mesmo e sobre os outros? Se a resposta for sim, desista de todos os objetivos e preocupações relativas ao mundo exterior e simplesmente fique consciente de si mesmo neste exato momento.

Não há nada glamouroso no processo de despertar. As pessoas que despertam não se tornam professores espirituais famosos. Elas não constroem fantásticas organizações. Com exceção de alguns alunos que reconhecem sua liberdade e autoridade, elas passam a vida sem ser notadas.

Os professores que são valorizados pelo mundo tendem a ensinar num nível muito superficial. Pois o mundo aprecia efeitos e resultados palpáveis e as conquistas espirituais não costumam ser assim.

Aquele que adquire o domínio da mente não é valorizado pela sociedade. Ele pode ser a pessoa mais poderosa sobre a face da Terra, mas você nunca o encontrará numa posição de poder. Na verdade, mesmo que lhe oferecessem uma posição de poder, ele não aceitaria. Essa pessoa não está preocupada em manipular efeitos externos.

Para ela só há uma pergunta, "Você está feliz agora?" Se a resposta for "sim", então você já está no paraíso. Se a resposta for "não", ela simplesmente pergunta "por que não?"

Você pode dar a ela trinta páginas de testemunhos e justificativas para o fato de você não estar feliz agora, mas ela simplesmente vai perguntar outra vez, "por que não?" E mais cedo ou mais tarde, você vai perceber que todas as suas razões para não estar feliz agora ainda não respondem à pergunta do mestre. Porque você tem a opção de ser feliz agora e não há nada além da sua insistência em revirar o passado impedindo-o de fazer uma escolha diferente.

Tudo o que o mestre pode fazer é perguntar "por que não?" Ele não pode lhe dizer o que fazer e o que não fazer, pois a responsabilidade tanto de fazer como de desfazer pertence a você apenas. Tudo o que o mestre pode fazer é encorajá-lo a assumir essa responsabilidade aqui e agora.

Professores que lhe dizem o que fazer e o que não fazer demonstram imaturidade espiritual. Um professor sábio faz boas perguntas, mas quase nunca aconselha.

Não Recuse o Amor

Dar ao outro o amor de que ele precisa reforça esse amor em você. A recusa em dar esse amor diminui a consciência da presença desse amor.

Quando seu irmão age mal e exige sua atenção, ele se afasta de você e você faz o mesmo. Afinal, você sabe que não pode atender a exigência dele.

Contudo, ao se afastar do seu irmão você está se recusando a lhe dar amor. E quando se recusa a lhe dar amor, você também está se recusando a dar amor a si mesmo.

Seu irmão só quer o seu amor, mas não sabe como pedi-lo. Na verdade, ele está confuso sobre o que é o amor. Então, ele pede dinheiro, sexo ou outra coisa qualquer. Ele tenta manipular você para conseguir o que quer.

Você, claro, não quer ser manipulado. Não quer reforçar o mau comportamento dessa pessoa cedendo às exigências dela. Mas você também não quer rejeitá-la. Então o que você faz?

Você a trata com carinho, dando o amor que ela realmente quer. Você dá aquilo que pode dar espontaneamente, sem se preocupar em atender às exigências dela.

Em outras palavras, você diz "sim" ao amor de que ela precisa e diz "não" à manipulação. Você diz "não", mas não a arranca do seu coração. Você não a julga nem se separa dela. Você se recusa a ser vítima ou algoz. Você lhe oferece amor em resposta aos pensamentos de medo que ela tem.

Você diz, "Não, meu amigo, não posso dar o que você quer, mas posso achar um jeito de apoiá-lo, de um modo que beneficie tanto a mim quanto a você. Não vou rejeitá-lo. Não vou fingir que você é menos importante do que eu. Sua necessidade de amor é tão importante quanto a minha e eu levo isso em consideração".

É assim que aquele que ama trata seu amado. Ele não diz, "Não vou fazer nada do que você quer". Ele diz, "Vou achar um modo que convenha a nós dois". Quem ama considera o ser amado como um igual. Eles são expressões mútuas do amor.

É importante que você entenda isso. Muitos de vocês acreditam que, se não atendem às exigências de outra pessoa, não estão sendo amorosos. Isso não é verdade. Nunca atenda às exigências do outro. Isso não é amar a si mesmo. Por favor, seja gentil consigo mesmo. Não coloque as necessidades dos outros na frente das suas. O amor não tem nada a ver com sacrifício.

Por favor, compreenda isso. Alguns de vocês acreditam que têm de dizer "não" a todo mundo para se proteger das exigências dos outros. Isso também não é verdade. Ao dizer "não" para todo mundo, você só está cedendo ao medo que tem da intimidade. Distanciar-se dos outros, física e psicologicamente, é uma tática do medo. Não tem nada a ver com amor.

Por favor, observe como você rejeita os outros na tentativa de se preservar e como você rejeita a si mesmo tentando preservar os outros. Essas duas atitudes são uma negação da autenticidade e da intimidade.

Somente uma pessoa autêntica — aquela que respeita a própria verdade — é capaz de ter intimidade com o outro. Somente a pessoa que tem compaixão — aquela que respeita a verdade do outro — é capaz de ser quem realmente é, na sua totalidade.

Você não pode receber se você não dá quem você realmente é. E não pode dar se não recebe os outros como eles realmente são.

Não se renda às exigências das pessoas. Recuse-se a ser manipulado. Diga "não" quando sentir que foi desrespeitado e então perdoe o desrespeito. Não se apegue ao "não". Não deixe que o "não" ao comportamento da pessoa se torne um "não" para o seu pedido de amor e de apoio.

Pratique isso e mantenha-se no momento presente. Deixe que o "não" à manipulação torne-se um "sim" ao amor e ao apoio. Deixe que o seu "sim" ao amor e ao apoio seja um "não" à manipulação. Respeite a si mesmo e aos outros igualmente. Não ataque porque, se fizer isso, você será a vítima. Não se defenda ou então você passará a ser aquele que ataca.

Deixe que o amor substitua todas as suas mágoas. Se você se sente atacado, diga "não" ao ataque, mas não o revide. Se você atacar outra pessoa, reconheça e se desculpe. Não carregue a culpa para o próximo ataque. Corrija o problema na hora em que ocorrer.

Quanto mais amor você der, mais amor você vai atrair. Isso porque, ao amar, você se coloca na vibração do amor. E o fato de dar o coloca na vibração da abundância.

Você precisa aprender a dizer "sim" para a necessidade de amor e de apoio das pessoas. Quanto mais você faz isso, menos o comportamento das pessoas com relação a você será motivado pelo medo.

Se você quer diminuir a violência, não inspire mais medo naquele que já o sente. Comunique a ele o seu amor e o seu apoio. O amor redime. O ódio condena.

Você nunca vai experimentar o poder do amor enquanto não o exercitar na sua vida. Não expulse o inimigo do seu coração; aprenda a aceitá-lo ali e ele vai deixar de ser seu inimigo.

Tudo o que todo mundo quer é ser amado e aceito exatamente como é. Dê amor e as pessoas não terão medo. Dê amor e ninguém terá a necessidade de atacá-lo.

Já é tempo de você entender que, ao se recusar a amar o seu irmão, você se recusa a amar a si mesmo. Pois ele não está separado de você. Somente reconhecendo o valor que ele tem é que você vai conseguir confirmar o seu.

Meditação para se Sentir Amado

Quando seu irmão o atacar, reconheça que ele não está se sentindo amado. Se ele sentisse amor, jamais o atacaria. Não reaja a esse ataque. Encontre um jeito de lembrá-lo que é amado.

Faça isso várias vezes seguidas.

Aqui está uma meditação simples para ser feita ao caminhar.

Num dia qualquer, quando você estiver animado, saia pelas redondezas e, ao ver alguém com raiva ou triste, encontre um jeito simples de lembrá-lo de que é amado. Sorria, dê a essa pessoa uma flor, ofereça um café, um beijo ou declame um poema. Fale, "Isso é para você. Tenha um ótimo dia".

Numa outra ocasião em que você estiver se sentindo deprimido, faça a mesma coisa. Faça várias vezes seguidas. Você ficará maravilhado com os resultados. Não há nada mais estimulante do que lembrar a si mesmo e aos outros de que são amados.

Lembre-se, ninguém pode dar amor se não se sente amado. Sendo assim, você tem somente uma responsabilidade: sentir o amor que já existe no seu coração e ajudar os outros a fazerem o mesmo.

Você consegue imaginar um mundo no qual cada pessoa compreenda que sua única responsabilidade é dar e receber amor? Esse mundo, meu irmão, está ao seu alcance.

Sempre que lhe falta alguma coisa na vida, há necessidade de mais amor. Sempre que você acha que não tem o suficiente, isso é um sinal de que você não está estendendo aos outros algum aspecto do amor.

Não recuse o seu amor nem o seu apoio. Dê amor e apoio livremente e você poderá receber a abundância de amor que é o seu direito divino.

Faça essa meditação quando estiver se sentindo amado e veja o que acontece. Faça isso quando se sentir atacado e surpreenda-se com os resultados.

Experimente. Brinque com isso. Não fique preocupado com a forma que essa meditação vai tomar. Apenas esteja disposto a praticar e a forma se definirá por si mesma.

A Ilusão da Realidade Objetiva

Toda a realidade "objetiva" é baseada numa concordância subjetiva. Contudo, se analisar detalhadamente essa área de concordância, você vai ver que ela é fina como papel, é como uma membrana que recobre o mundo que você percebe. Por trás dessa membrana, ninguém concorda com nada.

Os acontecimentos ocorrem com certo ritmo e graça. Porém, quando você entra em cena e tenta dar a eles algum significado, o ritmo e a graça se perdem. No momento em que pensa que sabe o significado de alguma coisa, você deixa de compreendê-la.

Para entender algo, é preciso apreciação e simpatia. Deixe-se levar pela situação por um tempo e seu significado surgirá espontaneamente. Não se trata de um processo intelectual.

O intelecto faz um julgamento e sai em busca de apoio para tal julgamento. O mundo é feito daqueles que aceitam esse julgamento e daqueles que se opõem a ele. Num mundo assim, não pode haver nada além de competição, luta e ganância.

Você não se pergunta como o mundo seria se não houvesse julgamento. Mas essa, meu amigo, é a única pergunta que merece ser feita.

Você está fazendo essa pergunta agora? Você está se perguntando, "Como seria minha vida neste momento se eu não a estivesse julgando?" Até que tenha separado os eventos externos dos julgamentos que faz deles, você não vai conseguir entender o que significam.

Se você quiser conhecer a "realidade", precisa deixar de lado os julgamentos e conviver com ela de modo simples e profundo. Isso pode ser feito com qualquer situação na sua vida.

Você descobriu que tem câncer? Então, fique com o câncer. Reconheça que tudo o que você pensa sobre o câncer — de positivo ou negativo — é meramente uma interpretação. Você é quem está decidindo o que o câncer significa.

Não decida o que um fato significa. Apenas aceite esse fato, conviva com ele, flua com ele e respire com ele. Livre-se dos pensamentos sobre esse fato e você vai começar a entender o que ele é. Talvez você não consiga colocar esse entendimento em palavras, ou talvez consiga. Mas não importa. A compreensão virá.

O significado ou propósito das coisas jaz nos recônditos da sua mente. Para descobri-lo você precisa olhar para dentro delas. Procurar lá fora por aquilo que você chama de "objetivo", e tentar encontrar algum sentido, é uma total perda de tempo, pois nada pode ser achado fora de si mesmo.

É claro que a primeira coisa que você quer fazer é consultar os outros sobre a sua condição. Procurar mais especialistas para ter a primeira, segunda e terceira opinião.

Seja sincero. Você se sente mais esclarecido depois da terceira opinião do que estava depois da primeira? O fato de consultar especialistas lhe deu mais compreensão ou paz de espírito?

Se a resposta for afirmativa, é melhor ter cuidado! Descartar a sua interpretação em favor da deles não vai ajudá-lo a entender o que está acontecendo.

Se você quer ir direto ao cerne do problema, afaste-se das interpretações e fique com a situação. Quando as pessoas lhe disserem que têm a solução, afaste-se educadamente. As respostas que elas têm são tão tóxicas para você quanto os seus próprios julgamentos.

Admita, "Eu não sei o que isso significa, então vou me dar tempo para descobrir. Sei que a mesma força inteligente que trouxe essa situação para a minha vida revelará seu significado".

Essa é a atitude mais amorosa que você pode tomar. Ela vai libertar você, e todos à sua volta, da compulsão de julgar, interpretar ou racionalizar a situação.

Você não tem que se distanciar das pessoas. Convide-as para se aproximar e ficar com você. Deixe que segurem a sua mão. Olhe-as nos olhos. Seja grato pela simples consideração que demonstrarem. E diga a elas, "Não há nada aqui que precise ser corrigido... Trata-se apenas de algo que toca mais fundo a minha vida".

Não há nada mais fácil que se libertar do julgamento e da interpretação. Mesmo assim, você acha essa tarefa extremamente difícil. Isso é porque você se esqueceu de como "ser".

Assim, as coisas mais simples da vida se tornam o alvo dos mais complexos sistemas de meditação. Você encontrará todo tipo de método para lhe ensinar como "ser". Mas, enquanto estiver seguindo um método, você estará empenhado em "fazer" em vez de "ser".

Estou lhe dizendo para deixar de lado todos os métodos. Eles não são necessários. Simplesmente pare de julgar, interpretar, conceituar e especular. Abandone tudo o que não seja "ser". E então o "ser" florescerá por si mesmo. A graça se revelará na aparente aleatoriedade dos acontecimentos. E você entenderá seu significado e ficará muito feliz com isso.

Ninguém se esquivaria do seu propósito aqui, depois que este lhe fosse revelado. Mas o propósito não pode se revelar enquanto a pessoa estiver forçando a vida a se abrir.

Seja paciente. Seja gentil. Toda a alegria e beleza da sua vida estão nas suas mãos agora. Seu propósito está totalmente manifesto neste momento.

Não procure por significado fora da sua própria experiência. Apenas confie no que é e conviva com isso. Esse é o ensinamento mais profundo que posso lhe dar. Pois é com essa prática tão simples que todas as barreiras à verdade cairão.

O Milagre: A Hora de Parar de Fazer

Quanto mais você tenta fazer na sua vida, mais forte é o seu medo da morte. Pois a morte é o final do "fazer". É o fim do pensamento e da reação emocional aos pensamentos e ações dos outros. A morte é o fim da separação... o fim do corpo, o fim da mente condicionada.

Passando além do corpo, não existe mente pensante, nem mente que sonha, planeja ou esquematiza, contudo, a comunicação é instantânea. Por que é assim?

Porque a natureza da mente é ilimitada. A mente não obedece ao tempo e espaço. Ela vai além de qualquer limite.

Você usa apenas a parte da sua mente que, individual e coletivamente, limitou para adaptar à sua experiência. No entanto, outros aspectos da sua mente operam além do seu entendimento e da sua consciência.

A morte representa o fim da suposta "mente separada". Representa o fim da comunicação como você a conhece, pois a sua experiência de comunicação acontece entre duas mentes separadas e individuais. Essa experiência de comunicação é ilusória. É uma descrição extremamente limitada de uma experiência que é totalmente sem limites. Aqueles que chegaram perto da morte sabem que existe uma realidade que está além dos limites da percepção deste mundo. Nela, a comunicação é espontânea e a tudo inclui. Não há ninguém que não saiba o que você está pensando e isso não importa, pois você também sabe o que todos os demais pensam.

Por não existir pensamentos particulares, cada pensamento limitativo é imediatamente corrigido por outro menos limitado. Como a noção de "eu" que vocês têm tende a ser definida pelo pensamento, há uma sensação de que o "eu" está constantemente se expandindo, como se o próprio pensamento se expandisse além dos seus limites.

O mais interessante é que, neste exato momento, sem nenhum esforço consciente, você está em comunhão com o ser ilimitado. Seu corpo está banhado de luz. Seu coração é capaz de receber amor incondicional e sua mente é capaz de apreender a verdade diretamente. Tudo isso é possível desde que você simplesmente se aquiete e se abra para esse amor e para essa verdade.

Depois que deixar o corpo, você não tem escolha. Viverá essa experiência, estando ou não pronto. Se resistir a ela, você gravitará em torno de outro corpo limitado, que lhe oferecerá uma experiência da verdade em desenvolvimento. Se você estiver pronto para a experiência do amor incondicional, vai superar todos os medos que tenha sentido um dia e todos os limites que tenha imposto a si mesmo, até alcançar um lugar que está além do medo e das limitações. Esse lugar pode ser chamado de Céu.

Ir para o céu, terminar o ciclo de nascimento e morte, entrar no Nirvana, transcender o karma, ir além da mente condicionada, tudo isso quer dizer a mesma coisa. Esse é o destino final da jornada da consciência. Todos vão chegar lá. Todos acabarão por conquistar a maestria.

Todas as práticas espirituais servem apenas para ajudá-lo a ganhar tempo. Elas o convidam a experimentar o amor incondicional e a graça aqui e agora. Convidam-no a parar de fazer, de pensar, de planejar e de sonhar. Convidam-no a comungar em silêncio com o seu próprio ser. Convidam-no a ver cada pensamento e cada ação dos seus irmãos com relação a você como o espelho dos seus próprios pensamentos com relação a si mesmo.

As práticas espirituais simplificam a trama intrincada da vida num único pensamento, numa única respiração, numa única ação. Dizem que cada situação, cada relacionamento, cada gesto do coração ou da mente é um veículo para a verdade de Deus.

Livre-se de todos os dogmas e rituais vazios e você vai chegar no âmago da experiência espiritual, a essência do convite ao culto religioso. Esse convite está presente em cada tradição.

Na verdade, esse chamado para a paz, para a alegria e para a felicidade está dentro do seu coração e da sua mente. Responder ao chamado significa entrar no caminho. Não importa como você o chame ou expresse. O caminho da doação se abrirá diante de você. E na mesma medida em que você der, você vai receber.

O caminho tem a sua própria beleza, simplicidade e mistério. Nunca é o que você pensa que é. Entretanto, ele nunca está além da sua capacidade de intuir o passo seguinte.

A espiritualidade autêntica não é linear. Nunca é prescritiva. Ela nunca diz "faça isso ou faça aquilo e tal coisa acontecerá".

Qualquer coisa que você faça tem de vir do seu eu mais profundo. Tem de ser novo, cristalino e centrado no seu coração. Tem de ser feito espontaneamente.

Caso haja algum resquício de passado, algum medo, a confiança se esvairá e o milagre não vai ocorrer. Todo pensamento livre do medo e toda ação livre da compulsão do "fazer", do "salvar" e do "curar" são de natureza milagrosa. Estão livres das leis do tempo e do espaço e demonstram uma eficácia espontânea.

Por que isso é verdade? Porque eles não são ensaiados. Não vêm da mente condicionada. São espontâneos e totalmente dignos de confiança. Esses pensamentos ou ações são como uma prece viva. Não podem ser previstos nem repetidos. Não são um produto do seu aprendizado. São o resultado da sua comunicação viva com a mente incondicionada.

Nas profundezas da sua psique está o chamado de despertar. Ele não soa como o chamado que as outras pessoas ouvem. Ouça o que os outros dizem e você não ouvirá o seu chamado.

Mas depois que ouvir o chamado, você perceberá que outras pessoas o ouvem também, a seu próprio modo. Então você poderá se unir a elas em solidariedade. Abençoando-as, você estará abençoando a si mesmo. Libertando-as para que sigam o caminho delas, você estará livre para seguir o seu.

Não há competição. Não há ganância. Pois não há nada para "conseguir" ou "alcançar". Tudo o que há para conquistar é para ser passado adiante. E toda dádiva, seja sua ou do outro, contém um milagre.

O Caminho do Perdão

Eu escolhi o caminho do perdão porque o perdão por si só desfaz a tranca do tempo sobre a ferida. Se não existe tempo, não existe ferida. Liberte-se do passado e você não terá mais ressentimentos. É simples, não é?

O tempo faz a ferida parecer real. O tempo faz a morte parecer real. O tempo faz com que todas as mudanças que aconteceram na sua vida pareçam reais. No entanto, nada disso é real.

Se você puder se livrar do tempo por um único instante — e eu garanto que pode —, vai entender a sua salvação. Nesse momento atemporal, nada que você tenha dito ou feito significa alguma coisa. Nesse momento, não há nada para ter: nem passado, nem futuro, nem identidade. Existe apenas o momento do puro ser, da não-separação, do não-julgamento.

Esse momento contém todo o tempo sem que você saiba disso. Imagine só, você já está no céu e não sabe disso!

Você está no céu, mas ele lhe parece inaceitável. O céu não apóia seu ego, seus planos ou seus sonhos. O céu não apóia sua luta por poder, suas lições, nem tampouco seu processo de perdão.

O perdão não é necessário no céu. "Por que não?", você pergunta. Porque ali ninguém é culpado! Ninguém que viva no presente jamais comete um crime ou cultiva um mau pensamento.

O céu não apóia suas novelas de crime e castigo. Ele não apóia suas novelas de pecado e salvação. No céu não há nada que precise ser consertado.

Neste exato momento, também não existe nada que precise de conserto. Lembre-se disso e você estará no Reino dos Céus.

Você acha que vai para o céu quando "for bom". Mas não há dois de vocês que possam concordar com o que vem a ser "uma pessoa boa". Por que surpreenderia o fato de o mapa para o céu ser uma questão tão controvertida?

Alguns de vocês têm uma visão mais sofisticada. Acreditam que podem cometer erros, mas têm de ser salvos de seus pecados. Vocês precisam deixar de lado as crenças antigas e entender que eu não morri pelos seus pecados! Essa maneira de pensar, meus irmãos, não faz nenhum sentido.

Por que, eu pergunto, eu morreria pelos seus pecados? Não os cometi! Vocês pensam que sou um sujeito magnânimo. Sou tão "bom" que posso simplesmente absorver os seus pecados e não ser afetado por eles. Aí fica tudo bem, certo?

Mas será que fica mesmo? Agora vocês acreditam que a sua salvação depende de mim. E se eu não salvar vocês? Vão me crucificar outra vez? Ou será que vão tirar a própria vida? É essa a sua maneira de demonstrar que está tudo bem?

Na verdade, o que estou dizendo é algo bem diferente. Sim, está tudo bem, não num futuro distante ou por um ato de fé da sua parte. Está tudo bem agora, sem absolutamente nada para eu ou você consertar.

Se você quiser entender isso, tem de praticar o processo de perdão. Sempre que pensar que alguém ou alguma coisa está errada, perdoe-se por esse pensamento. Sempre que achar que você está errado, perdoe-se por esse pensamento.

Diga para si mesmo, "Isso me parece ser errado, mas o que sei eu? Provavelmente há algo que tenho que olhar aqui, mas não quero ver. É por isso que me parece errado: porque não quero ver".

Disponha-se a olhar para aquilo que você condena. Essa é a maneira mais rápida de se livrar da culpa.

A pessoa ou situação que você considera errada está apenas mostrando o que você acha que está errado em si mesmo. Essa é a sua culpa, meu amigo. É melhor encarar isso de uma vez; caso contrário, a culpa vai continuar conduzindo a sua vida.

Pare de transformar ilusões em verdades. Pare de justificar seus julgamentos. Isso só servirá para reforçar a convicção de que você está separado dos outros.

Seja corajoso. Corra um risco real. Veja que o que o incomoda é somente a sua própria culpa. Olhe para tudo o que o incomoda e perdoe-se por ter levado isso tão a sério. Apenas uma pessoa vitimada pela culpa levaria a insanidade do seu mundo tão a sério.

Na sua vida, só existe uma pessoa para perdoar e essa pessoa é você mesmo. Você é o juiz. Você é o júri. Você é o réu. Uma trindade que nada tem de santa, com certeza!

Relaxe, meu irmão. Tudo o que você pensa ter feito aos seus irmãos é só um modo de castigar a si mesmo. É você que tem de viver com a culpa, não eles.

Quanto mais culpa você tem, mais se torturará. Projetar sua culpa neles e torturá-los só servirá para aumentar a culpa que você mesmo carrega. A única saída desse labirinto de medo é a prática do perdão.

Perdoe tudo o que você acha que está errado perdoando a si mesmo por julgar. Olhe para cada julgamento que faz com compaixão por si mesmo e pela pessoa que você está julgando. Não justifique seus julgamentos, assim não estará tornando as ilusões reais.

No presente momento, o medo, o julgamento e a expectativa passam por uma reviravolta. O passado e o futuro são trazidos para o agora, restando apenas este momento e o modo como você o vê agora. Se sentir medo, olhe diretamente para esse medo. Se quiser julgá-lo, olhe diretamente para esse julgamento. Ao perdoar seu medo e seu julgamento, eles se dissiparão. Você não os estará evitando, mas encarando o que há para ver.

O perdão é a saída porque ele destrava a tranca do tempo sobre a ferida. E se não existe tempo, não existe ferida.

Você não é culpado de pecado nenhum, meu irmão. Porém, acredita que é. E enquanto você acreditar nisso, precisará do perdão. Esse é o único meio de sair da ilusão que impôs a si mesmo.

Equivocadamente, você acredita que pode ferir os outros e que os outros podem feri-lo. Essas são as crenças que governam este mundo. Você veio aqui para encarar todos os efeitos das suas crenças até, finalmente, reconhecer que elas não são reais.

Se houvesse uma única pessoa que pudesse ser ferida, se a sua integridade pudesse ser comprometida ou afetada pelo sofrimento ou pela morte, então este mundo estaria fora do alcance do céu e todos os pensamentos assassinos dos homens prosseguiriam, desenfreados, pela eternidade. Este seria um mundo sombrio, sem possibilidade de redenção.

Sei que às vezes isso parece ser verdade. Mas não é! Nem nunca foi, mesmo nos momentos mais tenebrosos! Este mundo, a sua vida, os seus pensamentos jamais estiveram fora do alcance do céu porque o céu é aqui, meu irmão, o céu é agora.

Você vê aquilo que escolhe ver, pois toda percepção é uma escolha. E quando você parar de impor seus significados àquilo que vê, sua visão espiritual se abrirá e você verá um mundo livre de julgamentos, brilhando em sua beleza infinita.

Você se soltará dos grilhões da Terra e estará livre para ocupar o seu lugar entre as estrelas mais brilhantes. Dali você olhará para a Terra, como faço agora, e dirá com compaixão, "Lá eu também caminhei, amedrontado, e aprendi a superar todos os meus medos. Trata-se de um lugar sagrado, um lugar onde todo inimigo se torna amigo e todo amigo, um irmão e professor. UMA TERRA SANTA, onde os sonhos de morte e separação chegam ao fim. Sinto-me privilegiado por ter empreendido essa jornada e feliz por estar em casa finalmente".

Nesse dia, você vai saber que não precisava ter feito a jornada para ser salvo. Poderia ter ficado em casa, mantendo intacta a sua inocência. Mas se você não tivesse feito a jornada, jamais conheceria a sua inocência como eu conheço e como nosso Pai/Mãe conhece.

Um anjo que não tenha caído jamais será um co-criador com Deus, pois ele não será capaz de criar conscientemente. Para criar conscientemente, você precisa entender suas criações. E para entender suas criações, você tem de se juntar a elas e conhecer suas jornadas.

Você já fez isso, meu amigo. Então seja bem-vindo ao lar. Sua jornada pelo pecado e pela morte o deixou exuberante e imaculado.

Aleluia! Lúcifer foi redimido. O filho pródigo volta à casa paterna. Todos os anjos do céu estão em festa. Mas aqueles que empreenderam a jornada também festejam com lágrimas de alegria.

A Morte do Ego

É a natureza do ego dividir e conquistar. Quando não pode dividir, ele não pode conquistar. O pensamento separa ou une. Pensamentos que separam uma pessoa da outra ou uma idéia da outra obscurecem a sua consciência da unicidade. Pensamentos que ligam uma pessoa à outra ou uma idéia à outra revelam a unicidade.

As idéias podem se tornar oponentes com tanta facilidade quanto as pessoas que as têm. Você acha que pode atacar as idéias das outras pessoas sem atacá-las, mas poucas são as pessoas que não se sentem ofendidas quando suas idéias são atacadas.

As pessoas se identificam com os pensamentos que têm. Se você quiser se comunicar com elas, encontre um modo de reconhecer e aceitar suas idéias. Então, quando expressar as suas próprias idéias, será mais fácil para os outros reconhecê-las.

As pessoas jamais conseguirão conviver pacificamente até que suas idéias possam coexistir sem competição. Aceitar as idéias de outra pessoa, mesmo quando não concordamos com elas, é demonstrar respeito e consideração.

Para conviver pacificamente com as outras pessoas, é preciso que você veja aquilo que liga você a elas e não o que os separa. Ao ver aquilo que os une, você começará a respeitar as diferenças. Se se concentrar naquilo que os separa, você vai tentar eliminar as diferenças.

A tentativa de eliminar diferenças nunca é bem-sucedida. Isso porque as diferenças são saudáveis. E quando são respeitadas, não interferem no potencial para a intimidade nem para as relações cordiais entre as pessoas.

Dê sempre espaço para o outro ser diferente, assim você não evita a intimidade com ele.

Se você sentir que precisa ser como ele para ser aceito ou que ele precisa ser como você para que você o aceite, é porque você está tentando eliminar as diferenças.

Deixe que existam diferenças. Aceite-se como é e aceite o outro como ele é. Assim você tem paz no coração e ele também. Tudo está bem exatamente como é.

Comece a perceber o quanto você tenta mudar os outros para que se encaixem na imagem que você acha que eles deveriam ser. Perceba como os outros tentam mudar você. Sinta a enorme pressão que vem de toda parte. Esse é o mundo do ego.

O ego é a coisa mais insegura do universo. Por isso ele está sempre tentando tomar partido e defender sua posição. Ele não tem uma confiança nata em si mesmo e, portanto, nenhuma generosidade do espírito.

O ego odeia tudo porque odeia a si mesmo. Toda a sua empáfia não passa de aparência. Deixe-o de lado e você vai encontrar uma ferida aberta.

O ego é a parte de você que não sabe que é amada. Ele não pode dar amor porque não sabe que tem amor para dar.

O que fazer para que a parte não amada e a parte não amorosa encontrem o amor? Esse é o clamor de cada alma em exílio neste mundo.

É preciso ensinar ao ego que ele tem amor para dar. Essa é uma proposição ameaçadora, pois, assim que o ego reconhece que tem amor para dar, ele deixa de ser ego e se dissolve no próprio amor. O ego tem de morrer como ego para renascer como amor.

Agora você sabe por que a maior parte das pessoas resiste ao despertar. A idéia do despertar é apavorante para quem ainda está adormecido. Você fica pensando, "Quando eu despertar, posso deixar de existir!"

Essa é a razão pela qual o medo do despertar e o medo da morte são, no fundo, a mesma coisa. O Eu universal ilimitado não nasce até que o Eu limitado e temporal morra.

Então, de um jeito ou de outro, a morte virá. Ou você morre — ou você desperta, o que não deixa de ser um outro tipo de morte.

Depois que você despertar, morrer não é nada demais. Você não tem mais uma estimada identidade para perder. Se vai permanecer ou não numa forma física, isso não tem mais importância. De qualquer jeito você está presente.

Morrer é uma das melhores maneiras de aprender a ficar no presente. Se você quiser despertar rápido, tente morrer. Quando você está morrendo, adquire uma consciência das coisas que nunca teve antes. Você fica consciente de cada respiração, de cada nuance, de cada flor, de cada palavra ou de cada gesto de carinho.

Morrer é como um curso intensivo sobre o tema do despertar. Porém, não significa que todos que morrem despertam. Significa apenas que fizeram o curso.

Aqueles que passaram no curso ficam contentes de estar onde quer que estejam. Se isso significa ficar num corpo, que seja. Se for apenas assistir alguém num corpo, tudo bem também.

Realmente não importa para onde você vai, pois você não tem nada para provar. Você está ali simplesmente para ajudar.

Livrar-se de uma identidade sem sentido é um aspecto inevitável do caminho de volta para casa. Quanto menos você tem para defender, mais útil você pode ser. E quanto mais ajuda puder oferecer, mais feliz será a sua experiência.

Eu não iria tão longe a ponto de dizer que morrer é divertido. Mas eu posso dizer que morrer não deixa de ser divertido só porque você ainda está agarrado a um fragmento de autodefinição.

Toda a sua experiência na Terra é um processo de aprendizado para confiar em si mesmo, no seu irmão e em Deus. No momento final do despertar, quando a confiança desabrocha completamente, esses três aspectos do Eu se fundem e se tornam uma coisa só.

Esse momento não pode ser descrito em palavras, mas eu lhe asseguro que você vai viver essa experiência. E até que você a viva, nada jamais fará completo sentido para você.

A Dádiva

O perdão é uma dádiva que lhe foi concedida para sempre. Não é algo que lhe ocorra só momentaneamente ou que possa ser tirado de você. O perdão está sempre ao seu alcance e é o único dom que você vai precisar ter para ir além da experiência da dor e do sofrimento.

O perdão opera neste mundo, mas não é deste mundo. Ele pertence ao espírito e não esquece a sua origem. Não importa quantas vezes essa dádiva é ofertada ou recebida, ela jamais se esgota. Para cada pecado ou idéia de pecado, o perdão espera com a resposta.

Você não compreende a imensidão dessa dádiva porque ainda não a aceitou em todas as áreas da sua vida. Você não a aceitou em todas as situações. Quando fizer isso, vai saber que não há lugar onde essa dádiva não possa alcançar. Não há uma única situação sequer na qual essa dádiva não possa ser ofertada e recebida.

O perdão é a única dádiva que não pede nada em troca. E é a única dádiva que pode ser ofertada e recebida sem culpa.

O amor todo-abrangente que está além da porta que o perdão abre é incompreensível para você neste momento. Por isso, falar sobre ele é inútil. Seja quem você é. Coloque-se diante da porta e bata. Seja paciente e demonstre empenho. Disponha-se a olhar para cada pensamento doloroso e desnecessário e depois o abandone. Saiba que o pensamento liberta ou aprisiona e opte por se libertar.

Quando a paz chegar no seu coração, a porta se abrirá. O véu se levantará. Moisés entrará na terra prometida. Até então, fique onde você está, no coração da sua prática.

Deus lhe deu uma dádiva, uma única dádiva, para a sua jornada. Ele disse, "Meu Filho, lembre-se de que você pode mudar de idéia quando quiser".

Ele não disse, "Filho, você vai ser infeliz até voltar para Mim". Ele simplesmente disse, "Lembre-se de que você pode mudar de idéia quando quiser".

Você pode mudar de idéia sobre cada pensamento de dor e de ressentimento que tiver. Você pode questionar cada pensamento infeliz e cultivar outro pensamento que o liberte e traga alegria ao seu coração.

Deus não disse, "Eu não deixarei meu Filho cometer erros". Ele disse, "Eu confio no seu retorno e lhe concedo uma dádiva que o trará de volta para casa".

Todos os seus erros nada significam para Deus. Para Ele, você não passa de uma criança explorando o mundo e aprendendo, por tentativa e erro, as regras que o governam.

Deus não fez essas regras. Você as fez quando construiu este *playground*. Você se esqueceu apenas de uma coisa e Deus a deu a você com Suas bênçãos. Ele disse, "Não importa para onde sua jornada o leve, Filho, lembre-se de que você pode mudar de idéia quando quiser".

Com apenas um simples pensamento de amor, Ele tornou temporal o que você consideraria definitivo. Ele tornou irreal o que você consideraria real.

Você criou as cinzas da morte. Ele criou as asas da fênix. Para cada pensamento infeliz que você possa ter, Deus deu-lhe uma resposta apenas. "Lembre-se, Filho, de que você pode mudar de idéia quando quiser."

Assim como Prometeu, você tentou roubar o fogo dos deuses. Mas ele não castigou você por isso. Ele não o acorrentou à rocha onde você viveria pela eternidade, tendo os abutres como única companhia. Ele disse, "Leve o fogo sagrado, meu Filho, mas tenha cuidado, e lembre-se de que você pode mudar de idéia quando quiser".

Como Adão e Eva, você morava no Jardim do Éden e ficou curioso para conhecer o bem e o mal. Quando Ele viu que sua ânsia por conhecimento não seria aplacada, ele lhe mandou a serpente sagrada com uma maçã e convidou-o a comê-la. Ao contrário do que todos pensam, Ele não criou uma armadilha para que você caísse em pecado e depois fosse expulso do paraíso. Ele apenas disse, "Tenha cuidado, meu Filho. Quando você comer esta fruta, sua visão do mundo vai mudar. Este jardim pode de repente passar a ser, aos seus olhos, um deserto árido onde nada cresce. Seu corpo, com toda a sua integridade e graça inocente, pode parecer separado em partes. Algumas delas você vai aceitar e de outras vai se envergonhar. Sua mente, que agora compartilha cada pensamento Meu, pode dar a impressão de que está cultivando pensamentos opostos aos Meus. Pode parecer que a dualidade e sentimentos de separação passaram a fazer parte da sua consciência e da sua experiência. Tudo isso, e muito mais, pode surgir desse pequeno pedaço de maçã; mas "lembre-se, Filho, de que você pode mudar de idéia quando quiser".

Além de Deus não condená-lo pelos seus erros, também não está nem um pouco preocupado com eles. Ele sabe que a criança se queimará com o fogo e que a maçã vai causar indigestão. Mas Ele também sabe que ela vai aprender a tratar o fogo com cuidado, usando-o para se aquecer e para iluminar o caminho. E sabe que o corpo se ajustará ao gosto ácido da maçã e se alimentará dela.

Ele sabe que a sua decisão de "saber" vai deixá-lo em situações perigosas em que você pensará que a sua felicidade depende do modo como os outros o tratam, situações nas quais você esquecerá que não é um organismo vulnerável numa terra árida e hostil.

Ele sabe que você vai esquecer a sua origem e que haverá ocasiões em que o Jardim do Éden não parecerá nada além de uma lembrança distante, cuja própria existência é questionável. Ele sabe que haverá momentos nos quais você vai acusá-lo de causar todos os seus problemas e esquecer que foi você quem optou por "saber". Mas nada disso O preocupa. Pois, antes de você partir para a sua jornada de separação, Ele disse, "Só um minuto, Filho. Pode levar muito tempo até que nos encontremos outra vez. Você aceitaria esse simples presente em minha memória e o manteria consigo aonde quer que vá?"

A maioria de vocês não se lembra de ter respondido, "Sim, Pai". Mas eu o asseguro de que essa foi a sua resposta. E assim a voz de Deus ficou com você quando você partiu para o exílio. E ainda está com você agora.

Então, quando você se sentir desamparado e perdido, quando você se esquecer de que escolheu essa jornada, lembre-se de que "você pode mudar de idéia quando quiser". Eu estou aqui para lembrá-lo disso.

Essa dádiva não é minha e sim de Deus para você. Porque eu a recebi Dele, eu posso concedê-la a você. E se você a recebe de mim, pode oferecê-la ao seu irmão.

Mas eu o advirto, não se preocupe com a identidade do doador. Eu não sou importante. Eu não sou a dádiva, mas aquele que a estende, assim como você. Lembremos apenas da origem da dádiva para que possamos concedê-la e recebê-la livremente.

Cristo é aquele que concede e recebe a dádiva de Deus. E Cristo nasce em você sempre que você concede ou recebe a dádiva. Não importa quem lhe ofereça a dádiva do perdão. Pode ser seu filho, seu pai, sua mãe, seu amigo ou seu inimigo. Tudo o que importa é que você a receba. E quando você recebe essa dádiva, tanto você quanto essa pessoa se tornam o Cristo.

Todos que recebem a dádiva de Deus são anfitriões do Menino Jesus. Cada um de vocês é José ou Maria, dando as boas-vindas ao filho de Deus neste mundo. E cada um de vocês é esse filho, que recebe do pai e da mãe a dádiva do amor sem limites.

Você tem de ter cuidado com as histórias nas quais acredita. Muito do que você acha que vem de Deus é produto dos seus próprios medos e ansiedades. Se você procura a verdade, é melhor não consultar bíblias, livros sagrados ou escrituras do passado. Em vez disso, volte a atenção para a verdade que está sendo escrita, neste exato momento, no seu coração.

Deus lhe concedeu a dádiva do perdão. Essa dádiva o acompanha aonde quer que você vá. Quando você não confia nela, Ele envia Seu Filho para lembrá-lo disso. E Seu Filho lhe diz que, para mantê-la, é preciso que você a conceda.

Muitos seres de luz vieram como o Cristo, trazendo esse simples lembrete. Todos nós temos o mesmo propósito, pois Cristo não é uma pessoa, e sim o guardião da chama, aquele que concede a dádiva, o mensageiro do amor. A luz vem dele porque ele se lembrou dela quando estava na escuridão deste mundo. O amor vem de Cristo, porque ele recebeu a dádiva e aprendeu a concedê-la incondicionalmente a todos que a aceitavam.

O que nós fizemos, você também fará e muito mais. Pois a sua salvação é a salvação de cada Filho de Deus. Você que vê o Cristo nos seus irmãos vai ajudá-los a ver o Cristo em você. E então a luz da verdade será acesa em muitos corações e a estrela surgirá outra vez no céu de Belém.

Muitos homens e mulheres de mente e coração abertos se reunirão para ver o nascimento do Filho de Deus na Terra. E muitos outros irão se opor a Ele, sem entender que Ele é Eles. Todos os sonhos de crucificação, sacrifício e perda irão resistir em vão contra as forças do amor, e mais uma vez o amor triunfará.

Cristo estenderá os braços, abraçará a criança ferida e a confortará. E essa criança vai se erguer na luz do Seu amor e remover a pedra da morte. Todos os exilados voltarão para casa, para o coração de Deus, para a terra prometida. Se você lê estas linhas, sabe que isso vai acontecer com você. E tenha coragem, pois estou com você.

Juntos, agradeçamos a Deus pela dádiva do amor e do perdão, pela Sua eterna confiança em nós e pela certeza que tem de que encontraremos nosso caminho de volta para casa. Pai, nós lembramos que Sua voz está conosco em todas as circunstâncias e nela confiamos para guiar nossos pensamentos e nossos passos. Agradecemos por não estarmos sós. Agradecemos por termos nossos irmãos. O Senhor não nos deixou partir sem conforto, mas nos deu companheiros poderosos para iluminar nosso caminho.

Em Seu nome, celebramos nossa jornada aqui e oramos incessantemente pelo fim da culpa, a única causa do sofrimento. E no final dessa jornada, abraçamos a dádiva que O Senhor nos concedeu, a única que podemos dar e receber sem culpa. Obrigado, Pai, pela dádiva do perdão. Vamos usá-la com sabedoria. Vamos usá-la em todas as circunstâncias. Com ela, vamos levar a Sua luz a todos os cantos escuros da nossa alma.